新MHK轻松过

书面表达教程

郭风岚 主编
种一凡 编著

二级

北京语言大学出版社
BEIJING LANGUAGE AND CULTURE
UNIVERSITY PRESS

© 2021 北京语言大学出版社，社图号 20221

图书在版编目（CIP）数据

新 MHK 轻松过（二级）书面表达教程 / 郭风岚主编；种一凡编著．－－北京：北京语言大学出版社，2021.3（2021.11重印）
ISBN 978-7-5619-5823-0

Ⅰ.①新… Ⅱ.①郭… ②种… Ⅲ.①汉语－写作－少数民族教育－水平考试－教材 Ⅳ.① H193.6

中国版本图书馆 CIP 数据核字（2021）第 037569 号

新 MHK 轻松过（二级）书面表达教程
XIN MHK QINGSONG GUO (ER JI) SHUMIAN BIAODA JIAOCHENG

排版制作：	北京创艺涵文化发展有限公司
责任印制：	邝　天

出版发行：	北京语言大学出版社
社　　址：	北京市海淀区学院路 15 号，100083
网　　址：	www.blcup.com
电子信箱：	service@blcup.com
电　　话：	编辑部　8610-82303390
	国内发行　8610-82303650/3591/3648
	海外发行　8610-82303365/3080/3668
	北语书店　8610-82303653
	网购咨询　8610-82303908
印　　刷：	北京鑫丰华彩印有限公司

版　次：	2021 年 3 月第 1 版	印　次：	2021 年 11 月第 4 次印刷
开　本：	889 毫米 × 1194 毫米　1/16	印　张：	10.25
字　数：	175 千字		
定　价：	34.00 元		

PRINTED IN CHINA

前言

自2002年出版第一本MHK图书——《MHK大纲（三级）》以来，伴随着MHK考试推行范围的扩大，北京语言大学出版社（以下简称"北语社"）的MHK图书出版也走过了18年的历程。这18年中，北语社一系列MHK图书帮助一届届学子顺利通过了考试，提高了国家通用语言文字水平。

社会的发展日新月异，新事物、新理念层出不穷，新的MHK大纲也应运而生。北语社与时俱进，依据新考试大纲，推出了大型MHK图书系列——"新MHK轻松过"系列。本系列图书体系清晰，品类齐全：既有依据新教学理念编写的考教结合类教材，又有高质量的试卷合辑；既有对考生宏观的考试指导，又有微观的试题解析。可以说，本系列图书满足了考生的各方面需求。

"新MHK轻松过"系列图书架构

级别	考试教程				分项分类练习	附答案详解的模拟试题	模拟试卷合辑*
一级	听力理解教程	阅读理解教程	书面表达教程	口语考试教程	全项一本通	模拟试题及详解	模拟题集
二级	听力理解教程	阅读理解教程	书面表达教程	口语考试教程	全项一本通	模拟试题及详解	模拟题集
三级	听力理解教程	阅读理解教程	书面表达教程	口语考试教程	全项一本通	模拟试题及详解	模拟题集
四级	听力理解教程	阅读理解教程	读后写教程	口语考试教程	全项一本通	模拟试题及详解	模拟题集

* 每个级别的模拟试卷合辑均有多册，按1、2、3、4排序。

"新MHK轻松过"系列特色

❶ 新大纲，新题型，新语料

本系列所有图书都是依照新大纲编写的，语料涉及的词汇全面覆盖新大纲词汇表，试题按照新大纲样卷中的题型编排，语料反映最新的社会发展状况。一切都力图体现一个"新"字。

❷ 灵活搭配，自由组合，全方位提升

本系列每个级别都包含四类图书，一类一功能，互为补充。考生可以按照图书功能依次使用各册图书,也可以根据自己的语言水平灵活选用。可先使用考试教程,夯实基础;然后进行分项分类练习,逐项巩固;最后使用模拟题集熟悉考试流程,为正式考试做准备。也可以直接使用附答案详解的模拟试题或模拟试卷合辑,先进行考前演练,从中找差距,再针对自己的弱项使用考试教程进行提升。总之,灵活选用本系列图书,可全方位提升考生的应考能力和语言水平。

❸ 好教,好用,配套齐全

本系列图书作者在深入研究新旧两版大纲的基础上,逐个分析考点,逐条讲练应试策略,力求有用、适用、好用。其中配有录音的分册,考生扫描二维码可随时听配套录音。考试教程配有教案、课件,供教师教学时参考。

关于"新MHK轻松过(二级)考试教程"套系

"新MHK轻松过(二级)考试教程"套系涵盖新MHK(二级)听、读、写、说四方面的考试内容,包括四个分册:《新MHK轻松过(二级)听力理解教程》《新MHK轻松过(二级)阅读理解教程》《新MHK轻松过(二级)书面表达教程》和《新MHK轻松过(二级)口语考试教程》。整套书由教学经验丰富、熟悉MHK的一线教师精心编写而成,编写组召开数次会议,反复讨论丛书编写原则、体例、内容等等,严格按照《MHK大纲(二级)》(修订版)的要求编写。具体来说,本套系有以下几个特点:

❶ 编写体例合理

本着好教好学、实用科学的原则,"新MHK轻松过(二级)考试教程"套系每一分册在体例上都体现了共性和个性相结合的设计思路,既能让考生了解新MHK(二级)考试各部分试题的内在关系,又能让考生准确掌握各类试题的考点和应对策略。

❷ 例题讲解详细

为让考生更好地掌握答题策略与方法,各分册在相应的单元里都设置了一定量的例题,每个例题都附有详细的解说,便于考生抓住规律,举一反三。

❸ 试题命制科学

各分册试题的语料来源广泛,取材于各类图书、网络资料等;语料题材多样,既保证选材的广泛性,又注意贴近考生日常学习生活及社会交往活动;命题严谨科学,命题点能够覆盖语料的主干内容,选项设置科学合理。

❹ 使用方便

各分册内容包括考点、答题策略与方法、自测练习等,既适合教师课堂教学,也适合考生自学。根据需要,一些章节还针对考点设置了"小贴士"或"知识库",将重要语言知识或常识进行归纳概括,方便教学或自学。

本册使用建议

❶ 给教师的建议

教师使用本书时，请先仔细了解新MHK（二级）书面表达分测验的题型、题量、考试要求等，然后有目标、有重点、有计划地备课。

在课堂上，建议教师先介绍新MHK（二级）书面表达分测验的基本情况、考试流程、考试要求等，然后对考生进行摸底检测。根据检测结果，了解考生存在的问题后再进入第二单元的考点讲解。

MHK（二级）书面表达分测验包括辨识病句、看拼音写字和写作三部分内容，涉及语音、字词、语法等语言知识和读写技能，是对考生语言综合能力的考查。因此，教师可以按照教材编排对相应题型的解题策略进行讲解，也可以根据考生实际水平，重点针对考生易出错的题型进行强化。在写作训练中，语句通顺和逻辑清晰非常重要，有效的训练对提高考生辨识病句的能力也大有裨益。

第五单元的计时训练旨在综合考查考生专项学习与练习的效果，查漏补缺。几套计时训练题，建议一部分在课上进行实战模拟，另一部分留给考生独立完成。

❷ 给考生的建议

考生如果将此书用于自学，建议先阅读第一单元第一节，对新MHK（二级）书面表达分测验有清晰的认识与了解，然后按照规定的时间做一遍第一单元第二节的摸底检测。完成检测后，对照答案看看自己在哪些方面存在不足。之后，根据个人情况有针对性地进行专项学习和练习，特别要注意掌握每一考点的特点和答题策略。

要想提高书面表达能力，考生不仅需要平时的积累，也需要进行有针对性的训练。对客观题部分，考生首先要了解考点，进而能够运用书中提供的方法与策略答题。尤其要重视第二单元提供的知识库，它为考生总结了一些必备的语言知识，是答题的基础。主观性试题的备考非一日之功，这就要求考生平时多读多看，多写多练，这样才能在有限的时间里有话可说，说得正确、顺畅。考生要养成限时写作的习惯，平时写作前尽量给自己限定好时间，长期坚持下去，不仅写作能力会提高，自己的思维能力也会有所提高。

本册第五单元共编制四套模拟试题，供考生按照考试流程进行实战演练。

在本系列图书的编写过程中，我们从国内出版的各种报纸、杂志以及网络上选用了一些语料，并对语料做了适当改写，在此，我们向原作者表示诚挚的感谢。由于种种客观原因，目前我们无法与所有语料的原作者一一取得联系，希望原作者看到本系列图书后尽快与我们联系，我们将按照有关规定支付稿酬。

最后，希望本系列图书给广大考生带来新颖的理念、便捷的体验、立竿见影的实效。祝愿广大考生使用本系列图书后，在MHK考试中都取得理想的成绩，切实提高国家通用语言文字水平。

目录

第一单元　认识新 MHK（二级）书面表达　　001
　　第一节　书面表达介绍　　002
　　第二节　摸底检测　　004

第二单元　考点介绍　　007
　　第一节　常见的病句类型　　008
　　第二节　拼音词语的辨识及书写　　036
　　第三节　提示性写作　　045

第三单元　客观选择题与文字书写题　　051
　　第一节　会其意、析事理　　052
　　第二节　提结构、看语序　　056
　　第三节　品词语、看搭配　　059
　　第四节　掌握文字的音、形、义　　062

第四单元　主观写作题　　065
　　第一节　用思维导图构思作文　　066
　　第二节　记叙文写作　　069
　　第三节　说明文和议论文写作　　085
　　第四节　读书笔记和读（观）后感　　094
　　第五节　书信类写作　　103

第五单元　计时训练　　121
　　书面表达模拟试题（一）　　122
　　书面表达模拟试题（二）　　125
　　书面表达模拟试题（三）　　128
　　书面表达模拟试题（四）　　131

答案与解析　　135

第一单元

认识新MHK(二级)书面表达

单元简介

本单元对新MHK（二级）书面表达分测验进行了介绍，包括试卷说明、考试要求和考试流程。此外，本单元还提供了一份书面表达模拟试题，用于对考生的摸底检测，以便考生更有针对性地复习备考。

第一节　书面表达介绍

试卷说明

新MHK（二级）书面表达分测验主要考查考生运用国家通用语言文字进行书面表达的能力。题型、题量、分值及考试时长如下表所示：

表1-1　新MHK（二级）书面表达分测验基本情况

		题　型	题量	分值	考试时长
书面表达	第一部分　客观性试题	找出错误的句子	5	100	40分钟
		根据拼音写文字	5		
	第二部分　主观性试题	提示性写作	1		

新MHK（二级）书面表达分测验由客观性试题和主观性试题两部分组成。

客观性试题共10题，主要考查考生在句子层面的书面表达能力。有两种题型：

第一种题型（5题）：找出错误的句子。每道题中有四个句子，其中三个句子是正确的，有一个句子会有词语、句义、语序或句子结构上的错误，要求考生找出错误的句子。

第二种题型（5题）：根据拼音写文字。在一段文字中，有五处是用拼音代替文字的，要求考生根据上下文的意思认读拼音，然后写出正确的文字。

主观性试题共1题，主要考查考生在语段层面的书面表达能力，具体来说主要是考查考生能否正确使用国家通用语言文字进行书面表达与一般性的叙述、说明、议论、描写。在这部分考试中，通过"提示性写作"的方式，提供某种写作背景，要求考生根据所提供材料的具体内容情景或写作提纲，按要求完成作文。

考试要求

新MHK（二级）书面表达分测验对考生的具体要求包括：

1. 能辨识在词语、句义、语序或句子结构上常见的语言表达错误；
2. 能写简单的记叙文，能写读书笔记、读后感和常见的应用文，如表扬信、感谢信、申请书等，所写内容比较具体、完整，语句比较通顺，有一定条理；
3. 能正确书写国家通用语言文字，清楚工整，行款整齐；
4. 能正确使用标点符号；
5. 能达到300字左右的写作要求。

考试流程

新MHK（二级）书面表达分测验的考试时长为40分钟，具体考试流程与时间分配如下：

5分钟完成书面表达第一部分题型一的5道选择题：阅读ＡＢＣＤ四个选项 → 找出有错误的句子 → 在答题卡上找到相应的题号，并在代表所选答案的字母上画一横道。

5分钟完成书面表达第一部分题型二的5道文字书写题：根据上下文认读拼音 → 在脑海中联想表达相应意思的文字 → 在答题卡上找到相应的题号，并在横线上写出正确的文字。

30分钟完成书面表达第二部分的提示性写作：阅读并了解"作文要求" → 阅读"作文提示"，明确写作内容 → 列出写作提纲，理清文章结构与思路 → 按照"作文要求"在答题卡的相应位置进行书写。

第二节 摸底检测

第一部分
（5题，5分钟）

说明：76～80题，下面的 **A B C D** 四个句子中，只有一个是错误的，请找出这个句子，并在代表正确答案的字母上画一横道。

76. **A** 他刚到家就接到了老板打来的电话。
    B 对于这个问题，我们还没有解决的办法。
    C 他的先进事迹，取得了大家的一致赞扬。
    D 经讨论，我们决定推荐小王作为代表参加周末的活动。

77. **A** 他读书的学校是全市有名的一所重点高中。
    B 由于山地较多，这个城市骑自行车的人不多。
    C 这个歌舞表演很精彩，台下的观众没有鼓掌的。
    D 让我们惊奇的是，他仅用一个月的时间就完成了创作。

78. **A** 打赢第一场比赛后，大家更努力、更团结了。
    B 在课堂上，同学们关于这篇文章提了一些问题。
    C 经过三年的努力，他终于取得了今天的这个成绩。
    D 位于浙江省桐乡市的乌镇，是著名的江南六大古镇之一。

79. **A** 能否快速提高写作水平，靠的是多阅读和勤练笔。
    B 他买东西不仅追求价格便宜，同时也关注商品的质量。
    C 他连续工作了两天两夜，现在已经累得睁不开眼睛了。
    D 尽管这次考试很重要，但你不能因为准备考试而伤了身体。

80. **A** 这起交通事故是司机酒后驾驶导致的。
    B 我一直很怀念在农村生活的快乐时光。
    C 时间一天天过去了，我们也在慢慢成长。
    D 作文的字数要求最少250字增加到300字。

（5题，5分钟）

> 说明：81～85题，下面这段文字中，有五处是用拼音代替文字的，请根据上下文的意思认读拼音，然后写出正确的字。

青藏高原是世界上海拔最高的高原，被称为"世界屋脊"。青藏高原地域 guǎngkuò，总面
                                                                                     81
积约250万平方千米。高原上河流纵横，húpō 众多，天然草地 lèixíng 多样，是中国重要的
                                    82   83
mùqū。这里的气候总体特征表现为：冬季干冷 màncháng，大风多；夏季温凉多雨，冰雹多。
 84   85

第二部分
（作文，30分钟）

> **作　文　要　求**
> 1. 写作前认真阅读作文提示，按提示要求在规定的时间内写完。
> 2. 用简体字书写。每个空格写一个字，书写要清楚工整；每个标点符号占一个或两个空格，标点符号使用要规范。
> 3. 作文中不得出现跟考生有关的校名、地名和真实姓名。
> 4. 保持卷面整洁，不得涂划损坏答卷。

作文提示：

你的表弟小江马上要升入初中了，请你总结一下你在初中阶段知识学习、兴趣爱好、家庭生活等方面的经验，给他写一封信，作为他未来初中生活的参考。

全文不少于300字。

第二单元
考点介绍

单元简介

本单元分为三节内容，分别介绍了新MHK（二级）书面表达分测验三种题型的常见考点。其中客观题第一种题型是找出有错误的句子，针对这一题型，本单元第一节设置了四讲内容，从词语、句义、语序和句子结构等方面出发，重点分析了八种常见的病句类型。针对客观题第二种题型，即根据拼音写字，本单元第二节主要从拼音词语、文字书写两方面出发，帮助考生辨别同音字、近音字、形近字。针对主观性试题，即提示性作文，本单元第三节围绕写作考查点，重点介绍了写作步骤及注意事项、不同文体写作的注意事项和标点符号应用等问题。

每节内容包括备考重点与难点、知识库和专项训练三个板块。"备考重点与难点"旨在帮助考生明确备考方向；"知识库"为考生总结了相关考点的语言知识，以便考生学习积累；"专项训练"为考生提供了有针对性的练习题，帮助考生查漏补缺。

第一节　常见的病句类型

书面表达分测验客观题第一部分是找出有错误的句子，即病句。具体来说，病句是指结构不完整，语句不通顺，意思表达不清楚、不明确的句子。导致句子错误的原因有很多，新MHK（二级）大纲主要考查的是词语、句义、语序和句子结构四种错误类型，本节进一步细分，对词语误用、搭配不当、语序不当、指代不明、成分残缺、成分冗余、逻辑不通和句式杂糅这八种病句类型进行介绍。

第一讲　词语误用和搭配不当

● 备考重点与难点

词语误用

如果对词语的理解存在偏差，那么在使用时不可避免地会出现错误。下面的几类错误是从方便理解的角度列出的，互相之间有交叉。

1. 词语的基本义使用不当

对词语的基本词义把握不准确会造成词语使用错误。下面以存在语病的句子为例进行说明。

首先，有些词意义比较抽象，掌握它们的基本意义显得尤为重要。

例 1：我的家乡处于祖国西北地区。

例 1 中，"处于"用法错误。"处于"指在某种地位或状态，不指具体的地理位置。

例 2：奶奶对门口瞅了一眼，什么也没看见。

例 2 中，"对"用法错误。"对"做介词时用于引进对象或事物的关系者，例句中"对"后面是动作"瞅"的方向，"对"应该改为"朝"。

其次，有些词同音不同义，如果不了解同音词词义的区别，极容易造成使用上的错误。

例 3：依法接受义务教育，是儿童的一项重要权力。

例 3 中，"权力"一词用法错误。"权力"和"权利"是一组同音词。"权力"表示职责范围内的支配力量。"权利"通常与"义务"相对，表示公民或法人依法行使的权力和享受的利益。例句中应该使用的是"权利"。

第三，有些词语的意义虽然相近，但是每个词又有各自的核心意思和使用语境。因此，准确掌握近义词的区别，是避免因近义词使用不当而导致词语误用的关键。

例 4：这件事最后还要听总经理的裁判。

例 4 中，"裁判"一词用法错误。"裁判"和"裁决"是一组近义词，此处将"裁决"误用为了"裁判"。"裁判"做动词时，表示法院依据法律对案件做出处理或有关人员依据体育规则对运动员的成绩等做出评判，用在此处显然不符合语境。"裁决"指有关机构或人士经研究，对有争议的问题做出处理决定。

2. 词语的褒贬义使用不当

表达人们对事物肯定、赞许感情的词语是褒义词，表达否定、贬斥感情的词语是贬义词。如果词语的感情色彩和句子所表达的语义不协调，就犯了词语褒贬意义使用不当的错误。

例 5：他是一个乐观、自私、很有进取心的年轻人，大家都很喜欢他。

例 5 中，"自私"一词用法错误。"自私"表示只顾自己的利益，不顾别人，是贬义词，与下文所表达的"大家都很喜欢他"语义不符。

3. 否定词使用不当

此类问题主要出现在双重否定句中。双重否定表示肯定，但否定词的多次出现容易造成否定失误，把表示强调的意思说反。

例6：全班没有一个人否认这次成功不是他努力的结果。

例6中，否定词"不"误用。"没有一个人否认"是双重否定，表示"大家都肯定"的意思，肯定的内容应该是"这次成功是他努力的结果"。因此，例句中多用了一个否定词"不"。

例7：为了杜绝安全事故不再发生，工厂组织了一系列安全思想教育活动。

例7中，否定词"不再"误用。"杜绝"和"不再"都表示否定的意义，这样传达出的意思就是"为了让安全事故再次发生"，这显然与事实不符，此处宜将"不再"改为"再次"。此外，类似的错误搭配还有"防止……不再……"。

搭配不当

在语言使用中，一些词语已经建立了对应的搭配关系，如果违反了，会出现搭配不当的问题。

1. 主谓搭配不当

句子的谓语是陈述主语的，如果谓语不能与主语搭配，则会产生主谓搭配不当的问题。

例8：这个地区棉花的生产在不断提高。

例8中，"生产"不能"提高"，应该是"产量"在不断"提高"。

例9：在校读书，学校的规定一定要遵循。

例9中，"规定"是要"遵守"，"规律"才是要"遵循"。

2. 动宾搭配不当

句子的宾语用在谓语动词的后面，表示动作、行为所涉及的人或事物。如果谓语动词不能与宾语搭配，则会产生动宾搭配不当的问题。

例10：他的健康出了问题，阻拦了他事业的发展。

例10中，"阻拦……发展"搭配不当，应该是"阻碍……发展"。

例11：人人都想解开束缚，追求自由。

例11中，"解开束缚"搭配不当，应该是"摆脱束缚"。

3. 定状补和中心语搭配不当

句子中做修饰语的定语、状语和补语与它们修饰的中心语之间形成了比较固定的搭配关系，如果彼此不匹配，就会产生搭配不当的问题。

例12：真对不起，耽误了您昂贵的时间。

例 12 中，"昂贵"形容价格很高，不能修饰"时间"，应该是"宝贵的时间"。

例 13：听到这个消息后，他急速地感到自己的血压在上升。

例 13 中，在这个句子中，"急速"形容非常快，是指血压的上升速度，应该放在动词"上升"之前。

例 14：这场比赛打得很热烈。

例 14 中，"热烈"形容情绪高昂，兴奋激动，不用来修饰"比赛"，此处应换为"激烈"。

4. 联合短语和配对成分搭配不当

有的句子中，主语或宾语等成分是由联合短语充当的，这时就要注意联合短语中的几个词是否都能和配对的词语搭配。

例 15：屋外，鹅毛般的雪花和呼呼的北风在使劲地吹。

例 15 中，联合短语"雪花和北风"是句子的主语，此时需要考虑"雪花""北风"是否都可以与谓语"吹"搭配。"北风"可以"吹"，而"雪花"不能与"吹"搭配。

例 16：老师的一番话，为我指引了前进的勇气和方向。

例 16 中，联合短语"勇气和方向"是句子的宾语，此时需要考虑"勇气""方向"是否都可以与谓语"指引"搭配。显然，可以说"指引方向"，不能说"指引勇气"。

5. 关联词语搭配不当

关联词是在词语之间、句子之间起关联作用的词。关联词搭配不当主要是由于错用或遗漏而导致的句子意思不明确或前后缺少呼应等问题。

例 17：尽管你已经来到了这里，就要努力适应这里的生活。

例 17 中，"尽管"是表示转折关系的关联词，常用在前一分句，后一分句常有"但是、可是、然而、却、还是"等词与之搭配。而例句中的两个分句表达的是因果关系，应该用"既然……就……"。

6. 语义搭配不当

两面词是指兼有正反两方面意思的词语，如"能否""有没有""好坏""优劣""胜败"等。当这类词语出现在句中时，下文中应有与之相照应的词语，否则会造成语义上的不对称。

例 18：能否赢得这场比赛，取决于队员们的齐心协力。

例 18 中，"能否"包含正反两方面的意思，所以下文中也应该有表示正反两方面意思的词语与之呼应。句子可改为：能否赢得这场比赛，取决于队员们是否齐心协力。

知识库

表 2-1　新 MHK（二级）易错词表

词语	释义与例句
白白	副词。表示没有效果。 她白白浪费了一上午时间，什么都没干成。
毕竟	副词。到底，终究，表示追根究底所得的结论。 她毕竟还是个孩子，插秧这样的活儿干不好也正常。
不见得	副词。不一定。 你别看他个子矮，跑起来不见得比别人慢。
不免	副词。免不了。 看着病床上日渐消瘦的母亲，他心中不免焦急难过。
不止	动词。继续不停。 我们要生命不息，奋斗不止。
不止	副词。超出某个数目或范围。 看他头发花白的样子，他可能不止 50 岁。
成天	副词。口语词，整天。 不要成天抱怨这抱怨那，人要学会面对现实。
除非	连词。表示唯一条件，常跟"才""否则""不然"等搭配使用。 除非遇到交通堵塞，否则他是不会迟到的。
处处	副词。各个方面；各个地方。 他乐于助人，处处为别人着想。
从而	连词。上文是原因、方法等，下文是结果、目的等。 我们应该开发新技术，从而提高产品质量。
大力	副词。用很大的力量。 这次会议能够圆满结束，离不开大家的大力支持。

第二单元 考点介绍

续表

词语	释义与例句
大致	形容词。基本上。 不一会儿,他就大致画出了王编辑的样子。
	副词。大概,大约。 这套房子可以分期付款,期限大致是20年。
凡是	副词。总括所指范围内的一切。 凡是参加此次活动的选手,都能获得一份纪念品。
反而	副词。表示跟上文意思相反或出乎意料。 他心里有几百句话想对妈妈说,但见到妈妈的那一刻,他反而一句也说不出来了。
干脆	形容词。说话办事很直接。 他办事干脆利落,一点儿也不拖拉。
	副词。表示直接,痛快。 现在很多人享受到了网上支付带来的便利,干脆出门都不带现金了。
赶忙	副词。赶紧,连忙。 在问到她的意见时,她赶忙向大家表明了态度。
怪不得	动词。不能责备。 他是因为飞机晚点才迟到的,也怪不得他。
	副词。表示明白原因后,对某件事不再感到奇怪。 原来他去外地出差了,怪不得这几天没几看着他。
好歹	副词。无论如何。 爸爸要是在这儿就好了,好歹能帮我出出主意。
何必	副词。用反问的语气表示不必。 有什么话好好说不行吗?何必跟他闹别扭呢?
何况	连词。用反问的语气表示更进一层的意思。 这箱子太沉了,我们两个人搬都有些吃力,何况你一个人呢?
简直	副词。表示完全如此。 这一望无际的碧绿草原,简直像是一幅油画。
接连	副词。一次跟着一次地。 学校足球队接连赢了三场球赛。

续表

词语	释义与例句
竭力	副词。尽力地。 不管别人怎么说王丽，他都竭力维护她。
进一步	副词。表示事情的进行在程度上比以前提高。 医院安排那位老人住院接受进一步治疗。
净	副词。只；老是。 他净点便宜菜。
陆续	副词。表示前后相连，时断时续。 快开学了，学生们陆续返校，准备迎接新的学期。
屡次	副词。一次又一次。 老师屡次强调要按时到校，可还是有学生迟到。
猛	副词。忽然，突然。 听到冲锋的号令，他猛地一下冲了出去。
明明	副词。表示显然如此或确实，下文意思往往转折。 我明明把书放在这里的，怎么就不见了呢？
宁可	副词。表示比较两方面的利害得失后选取的一面，往往跟上文的"与其"或下文的"也不"相呼应。 我宁可走路，也不要坐他的车。
偶尔	副词。有时候。 一般都是我自己拿主意，偶尔找他帮我参谋一下。
偶然	形容词。事理上不一定要发生而发生的。 我偶然发现一个乘凉的好地方。
偏偏	副词。表示事实跟所希望或期待的恰恰相反。 我们本来打算今天去长城，可是偏偏下雨了，只好下次再去。
恰巧	副词。凑巧，正好。 我正想找李刚呢，没想到在下班回家途中恰巧遇到了他。
率先	副词。带头，首先。 这个商场率先推出七夕节优惠活动。

续表

词语	释义与例句
说不定	副词。表示估计，可能性很大。 请相信他！说不定他能带领大家研发出新产品呢。
万一	连词。表示可能性极小的假设，常用于不如意的事情。 你现在准备这么多食材，万一孩子们明天加班来不了怎么办？
向来	副词。从来，一向。 他向来紧跟潮流，什么流行买什么。
幸亏	副词。表示由于偶然出现的有利条件而避免了某种不利后果。 幸亏我戴口罩了，要不我也被传染了。
要不是	连词。如果不是。 要不是他防守得很好，这场比赛我们就输了。
一口气	副词。不间断地。 他最喜欢过端午节，今天一口气吃了3个粽子。
一向	副词。表示从过去到现在。 我对爱面子的人一向很反感。
一再	副词。表示一次又一次。 出门之前，妈妈一再叮嘱我别忘了带证件。
以至	连词。表示在时间、数量、范围、程度等方面的延伸。此外，用在后一分句开头，表示由于上述情况的程度很深而产生的结果。 全国从大城市到县城以至乡村，都在普及防疫知识。 她看得那样入迷，以至我在她身边坐下她都没发现。
以致	连词。表示前一分句导致的结果，多指不好的结果。 由于没有按照要求操作，以致发生了生产事故。
毅然	副词。坚决地，毫不犹豫地。 他为了更好地建设家乡，毅然放弃了大城市的工作。
照样	副词。情况不变，依旧。 老师再三提醒我们考试的时候带身份证，可照样有同学忘了带。

表2-2　新MHK（二级）带有感情色彩的词语表

词语	感情色彩	例　句
爱护	褒	我们在公园里总能见到"爱护花草"的标语。
爱惜	褒	《悯农》这首诗告诉我们要爱惜粮食，杜绝浪费。
把柄	贬	还是少说话吧，避免被人抓住把柄。
霸道	贬	他这个人真是霸道，一点儿也不考虑别人的感受。
帮助	褒	朋友之间应该互相帮助。
背叛	贬	如果你背叛我一次，我永远都不会再相信你了。
残忍	贬	敌人的残忍行为激起了我们全体战士的极大愤慨。
草率	贬	因为这位新职员的草率决定，公司遭受了重大损失。
成果	褒	杨教授在污水治理方面取得了丰硕的研究成果。
诚恳	褒	他因为认真、诚恳的态度受到大家的一致好评。
诚实	褒	诚实守信是做人最基本的准则。
聪明	褒	那个聪明的小男孩儿从四年级直接跳到了六年级。
粗鲁	贬	他粗鲁的行为让同行的伙伴感到很不舒服。
发扬	褒	勤俭节约、艰苦奋斗是值得我们继承并发扬的美德。
丰富	褒	课外阅读不仅可以丰富我们的业余生活，还可以增长知识。
丰收	褒	多亏今年雨水丰富，我们才迎来了庄稼大丰收。
腐朽	贬	作为新时代的青年，我们要坚决抵制消极、腐朽思想。
工整	褒	通过长期的练习，我的字变得工整了许多。
勾结	贬	违纪违法者往往相互勾结，共同作案。
鼓励	褒	父母的鼓励是我前进的动力。
横行	贬	那些横行霸道的坏人虽然一时得意，但终究会受到惩罚。
后果	贬	这是你没认真考虑而造成的后果，没有人替你承担责任。
胡闹	贬	这是教室，怎么能这样胡闹？快坐好，准备上课！
幻想	贬	不要再盲目幻想一夜之间变成大富翁了。
活泼	褒	她从小就活泼，又懂礼貌，非常招人喜欢。
嫉妒	贬	嫉妒是人们心理健康的"杀手"。

续表

词语	感情色彩	例 句
坚强	褒	坚强、勇敢地直面困难，是克服困难的第一步。
奖励	褒	在这次活动中，排名靠前的选手可以获得相应奖励。
狡猾	贬	这个犯罪嫌疑人十分狡猾，警方目前还没有找到他的藏身之处。
教训	贬	善于总结经验教训的人才能在失败中有所成长。
精彩	褒	只要我们认真生活，就会发现生活中处处是精彩。
经验	褒	王老师从事教学工作几十年，是一位经验丰富的教师。
敬爱	褒	老王因办事公平公正而受到大家的敬爱。
慷慨	褒	这个企业家为人慷慨，热心于慈善事业。
刻苦	褒	他学习刻苦，下课后也总是埋头苦学。
夸奖	褒	因为他成绩好，待人友善，所以老师常常夸奖他。
老实	褒	爷爷为人老实，邻居们都很信任他。
烈士	褒	这座纪念碑是为了纪念在这场战斗中牺牲的烈士而建造的。
灵活	褒	动物园里的猴子即使在树上动作也依然很灵活。
落后	贬	骄傲使人落后，谦虚使人进步。
盲目	贬	不要因为便宜就盲目购买一些根本不需要的东西。
佩服	褒	他遇到困难乐观向上的精神令我十分佩服。
软弱	贬	他性格软弱，一遇到困难就想放弃。
团结	褒	只要我们团结一心，就没有克服不了的困难。
顽强	褒	小草展现出顽强的生命力，无论风吹日晒，它们依然坚挺。
牺牲	褒	为了救出被困在大火中的居民，那位年轻的消防员牺牲了。
响应	褒	广大师生积极响应中央"光盘行动"的号召，食堂里的浪费现象大大减少。
勇敢	褒	士兵在战场上凭着勇敢和团结赢得了战斗。
扎实	褒	娜娜唱功扎实，各种风格的歌曲都可以轻松应对。
振奋	褒	这个振奋人心的消息很快传遍了全国。
忠诚	褒	狗是人类最忠诚的朋友，它们总是会给我们带来欢乐。
自豪	褒	我为自己是中国人而感到自豪。

专项训练

下面ABCD四个句子中只有一个是错误的，请找出这个句子。

1. A 从他刚才的反应看，这件事他不见得知道。
   B 下周我打算净待在家里看书、画画，不出门。
   C 一个人在外地求学，逢年过节不免思念家人。
   D 看着桌子上被白白浪费掉的食物，她连连叹气。

2. A 由于时间紧迫，请草率做出决定。
   B 他对人热情周到，处处为他人着想。
   C 希望大家都能尽心竭力完成这项工作。
   D 经过再三考虑，我决定还是留在这里生活。

3. A 许丽虚心接受了大家的批评。
   B 时间是宝贵的，我们应该珍惜。
   C 博物馆里陈列着各个朝代的文物。
   D 他的棋艺已经到达了非常高的水平。

4. A 他们在网上搜集到很多相关资料。
   B 我们要让大家积极参与这次的文艺演出。
   C 政府倡导绿色出行，以此减少环境污染。
   D 他的提议通过了，全班同学无一人不反对。

5. A 她不仅举止优雅慷慨，还平易近人。
   B 好消息！他的文章在《中学生报》上发表了。
   C 由于生活困难，他上大学的学费是乡亲们凑的。
   D 教师节那天，老师一走进教室，同学们就不约而同地鼓起掌来。

6. **A** 她用颤抖的双手接过荣誉证书。

   B 桥的那边就是长途汽车客运站。

   C 那边的几名工人正忙着测量房屋。

   D 那间教室里充满了刚入学的学生。

7. **A** 勤开窗户,有利于空气流通。

   B 接到命令后,士兵们开始撤退。

   C 我偏偏是下周一调休,可以参加女儿的家长会。

   D 他不听家人劝阻非要自己创业,现在失败了也怪不得别人。

8. **A** 这条小路一直延伸到密林的深处。

   B 奶奶家的小狗摇晃着尾巴朝我奔来。

   C 这座老房子年久失修,里边布满了尘土。

   D 既然他已经承认了错误,我们还原谅他吧。

9. **A** 他不但没买到书,反而丢了一本书。

   B 到了车站,突然发现没带身份证,这可把他急坏了。

   C 为了防止此类事情不再发生,公司制定了相关的管理规定。

   D 研究人员发现,是否会得这种病与平时生活习惯的好坏有很大关系。

10. **A** 万一投资失败,你靠什么生活呢?

    B 老师一再要求我们做完题仔细检查。

    C 他应该是临时有事,要不然不会不来的。

    D 坐公交车和地铁都很麻烦,干脆选什么呢?

第二讲　语序不当和指代不明

备考重点与难点

句子的基本语序

单句主要分为主谓句和非主谓句。主谓句是由主谓短语构成的句子，根据谓语的性质和特点可以把主谓句分成四种，具体类型如表2-3所示。非主谓句是由单个词或主谓短语以外的其他短语构成的句子，如："下雨了。""好极了！"

表2-3　主谓句的类型

	类型	例句
主谓句	动词谓语句	我‖是中学生。
	形容词谓语句	她‖很聪明。
	名词谓语句	今天‖星期三。
	主谓谓语句	她‖眼睛很大。

注：双下画线表示主语，单下画线表示谓语，二者用双竖线隔开。

主语、谓语、宾语、定语、状语和补语是构成句子的六种成分。我们以动词谓语句为例来看句子的基本语序。

（我）的 朋友 ‖ [昨天] 看 〈完〉了（那本）小说。
　定语　主语　　状语　谓语 补语　　定语　宾语

从上边的例句可以看出，一般句子的主语在谓语前边，宾语在谓语后边，定语在主语或宾语的前边，状语一般在主语的后边、谓语的前边，补语一般在谓语后边、宾语前边。

主语一般由名词、代词和名词性短语充当，谓语主要由动词、形容词充当（名词谓语句除外），宾语大多由名词、代词和一些短语充当。

定语一般由名词、代词、动词、数词和一些短语充当，"的"是定语的标志，常出现于定语和中心语之间，例如"我的词典""制作的礼物"；状语一般由副词、名词、动词、形容词、介词结构和一些短语充当，"地"是状语的标志，常出现于状语和中心语之间，如"高兴地说"；补语一般由形容词、动词和一些短语充当，"得"是补语的标志，常出现在补语和中心语之间，例如"累得不想说话"。

句子语序不当

如果主语、谓语、宾语、定语、状语、补语这六种句子成分的顺序不当，句子表达的意思就会不明确，从而造成语序不当的错误。

1. 定语、中心语语序不当

例1：不必太担心，这次问题的暴露我们以前也遇到过。

例1中，"问题的暴露"应改为"暴露的问题"。

例2：春天在地里种子的播种，开始生根发芽。

例2中，"生根发芽"的是"种子"，不是"播种"，应改为"播种的种子"。

2. 状语、中心语语序不当

例3：由于时间紧迫，他们离开仓促。

例3中，"仓促"修饰限定动词"离开"，应放在"离开"前边。

例4：我记忆中去过那个地方曾经。

例4中，"曾经"作为时间副词，修饰限定谓语动词，应放在"去过"的前边。

3. 定语、状语语序不当

例5：这个新政策广泛有力地促进了本市和外省文化的交流。

例5中，"广泛"指涉及的方面广，范围大，应该修饰"交流"。

例6：看着上前捐款捐物纷纷的同学们，老师的眼眶湿润了。

例6中，"纷纷"形容许多人或事物接二连三地，此处应为状语，修饰动词"上前"。

4. 状语、补语语序不当

例7：这两个地区经济发展的差距，我们看得明显了。

例7中，"明显"应该做状语，改为"我们明显看到了"。

例8：老师紧急地通知了我们，所以我们没时间准备。

例8中，"紧急"应该做补语，改为"通知得很紧急"。

5. 多项定语语序错误

例9：这是1000年前新出土的文物。

例9中，文物是现在新出土的，不是1000年前出土的，应改为"这是新出土的1000年前的文物"。

例10：他是一位有大型比赛十几场经验的我校老队员。

例10中，"十几场"和"我校"的位置不当，需要调整，句子应改为"他是我校一位有十几场大型比赛经验的老队员"。

6. 多项状语语序错误

例11：他昨天开车把东西已经送去了。

例11中，这个句子应改为"他昨天已经开车把东西送去了"。

例12：他和朋友在图书馆一起常常学习。

例12中，这个句子应改为"他和朋友常常一起在图书馆学习"。

句子指代不明

写文章时，有时为了避免重复，常会使用一些代词来指代前文出现过的人或事。如果代词用的地方不对，让句子意思不清晰，就犯了指代不明的错误。

例13：课后，王梅和李丽要去打球，她让我也一起去。

例13中，人称代词"她"指代不明，不知道是王梅，还是李丽。

例14：有人认为追星利大于弊，有人认为追星弊大于利，我赞同这个观点。

例14中，指示代词"这个"没有指明是哪种观点。

知识库

表2-4 多项定语、状语的语序

名称	基本语序
多项定语	范围/领属＋指称/数量＋动词/动词性短语＋形容词/形容词性短语＋名词/名词性短语＋中心语。 她是我们学校一位新来的女老师。

名称	基本语序
多项状语	表目的、原因或条件的介宾短语 + 表时间/处所的词或短语 + 表范围的短语 + 表情态或方式的词或短语 + 表对象、工具、方向的词或短语 + 中心语。可以简单理解为"为了什么 + 时间 + 地点 + 范围 + 方式"。 为了解决问题，我们下午在办公室跟他们用视频会议的形式进行了讨论。 昨天，全班同学在教室里一起高兴地为李丽庆祝了生日。

• 专项训练

下面 A B C D 四个句子中只有一个是错误的，请找出这个句子。

1. A 王亮放学后把窗户没有关上。

   B 他冲破重重阻碍，回到了祖国。

   C 他道歉时态度诚恳，得到了大家的谅解。

   D 说到北京有名的景点，很多人首先会想到故宫。

2. A 她头上大大的蝴蝶结是用绸子做的。

   B 我一向对这个问题的看法跟她不一致。

   C 恐怕他年龄太小，理解不了这个问题。

   D 与其他厂家相比，我们要做出自己的特色。

3. A 李老师非常注重对学生能力的培养。

   B 爸爸的书柜里有爷爷看过的很多当年书。

   C 他知道自己闯了祸，所以躲到朋友家去了。

   D 上海的东方明珠塔高 468 米，相当于 150 层楼那么高。

4. A 这是第一次老师叫他回答问题。

   B 志愿者们用实际行动传递着爱的能量。

   C 王明因为起得晚，所以没来得及吃早饭。

   D 如果你有任何问题，可以求助图书管理员。

5. A 这件事让他受了很大的刺激。
   B 百合花代表着纯真、忠诚与神圣。
   C 他大口喘着粗气,说后面有人在追自己。
   D 许多附近的居民都很喜欢到这家超市购物。

6. A 女儿喊妈妈的时候,她正在看电视。
   B 王强担心自己没有足够的胆量接受这个挑战。
   C 李阿姨有一双灵巧的手,绣出的图案好看又逼真。
   D 社区采取了一些措施来倡导居民对垃圾进行分类。

7. A 那家公司的老板因偷税漏税被逮捕了。
   B 老师动员大家积极参加学校举办的朗诵比赛。
   C 由于老师对自己的严格要求,我的进步很大。
   D 她扎实的专业知识为以后的工作奠定了良好的基础。

8. A 那只蜂鸟有鲜艳的光滑的一身羽毛。
   B 那根柱子上雕刻着一条栩栩如生的龙。
   C 小明说字太小,瞪大了眼睛也看不见。
   D 健康的饮食和规律的睡眠能增强身体抵抗力。

9. A 她把摔倒在地的老奶奶渐渐扶了起来。
   B 熬夜是网络游戏上瘾的典型表现之一。
   C 前边的坡很陡,开车下坡时一定要小心。
   D 二氧化碳排放量不断增加,导致了全球气候变暖。

10. A 最近父亲总是无缘无故地对我发火。
    B 在南方,端午节会举办划龙舟比赛。
    C 你带着钥匙多亏,要不然咱们就进不来了。
    D 凡是参加这次活动的同学,都会得到一个纪念品。

第三讲　成分残缺和成分冗余

备考重点与难点

句子一般由主语和谓语两部分构成（特殊句式除外），如果缺少其中任何一部分，句子的意思都会不完整，会导致句子成分残缺的语病；相反，如果成分多余，句子意思重复，会显得啰唆，导致成分冗余的语病。

成分残缺

1. 主语残缺

例 1：听了这次讲座，写了一篇听后感作文。

例 1 的句子缺少主语，应说明是谁听了讲座，谁写了作文，例句应改为"他听了这次讲座，写了一篇听后感作文"。

2. 谓语残缺

例 2：这座古城，600 年的悠久历史。

例 2 的句子精简后是"古城，悠久历史"，显然句子中缺少了谓语动词，例句应改为"这座古城，有 600 年的悠久历史"。

3. 宾语残缺

例 3：国庆节临近，学校开展了一系列爱国。

例 3 的句子缺少与"开展"相呼应的宾语，应在"爱国"后补充出宾语"教育活动"，因此例句应改为"国庆节临近，学校开展了一系列爱国教育活动"。

4. 其他残缺

例 4：损坏的桌椅已经被师傅修了。

例 4 是一个"被"字句，"被"字句的动词后一般带有说明性的补语，例句应改为"损坏的桌椅已经被师傅修好了"。

例 5：跟北京，他更喜欢上海。

例 5 的句子属于固定格式的成分残缺，"跟……（相）比"是固定格式，因此例句应改为"跟北京相比，他更喜欢上海"。

成分冗余

1. 词语重复

例 6：他总是经常一边看电视一边做作业。

例 6 中，"总是"表示一直如此，经常如此；"经常"表示常常，时常。两个词语同时使用，造成了重复，二者选其一即可。

例 7：我常常回想起过去的往事。

例 7 中，"往事"即表示过去的事情，与"过去的"重复，应删去"过去的"。

2. 语义重复

例 8：小山性格开朗，乐于助人，喜欢帮助别的同学，大家都很喜欢他。

例 8 中，"乐于助人"和"喜欢帮助别的同学"表达的意思相同，可以删去一个。

例 9：2018 年 8 月 16 日，明天下午将在会议中心举办研讨会。

例 9 中，"2018 年 8 月 16 日"和"明天"语义重复，二者选一个即可。

• 知识库

表 2-5　常用固定格式列表

常用固定格式	例　句
A 的 A，B 的 B	演出开始前，演员们换服装的换服装，练动作的练动作，紧张极了。
A 着也是 A 着，不如……	我现在闲着也是闲着，不如去给他帮个忙吧。
按……来说	按常理来说，借了别人的东西是要按时归还的。
按照……的规定	按照公司的规定，员工每天早上必须九点前到单位。

续表

常用固定格式	例 句
被……（所）……	游客被西湖美丽的风景所吸引。
比如（说）……什么的	吃水果有益健康，比如苹果、葡萄什么的，对身体都有好处。
别提有多……了	当看到自己心爱的杯子被妹妹不小心打碎时，我别提有多难受了。
从……到……	从初中到高中，我和妹妹都在同一所学校上学。
从……起/以后	妈妈规定，从今天起我每天只能看一小时电视。
从……中	从爷爷的描述中，我才知道过去的生活是多么艰苦。
当……时	当感到失落时，我就去公园散步。
当……的时候	当雨停了的时候，孩子们纷纷跑出家门去看彩虹。
到……为止	到目前为止，已有24人报名参加运动会短跑项目了。
……，都是ABA的	她的掌心有很多茧子，都是干活儿干的。
对……感到满意/失落/惊奇/害怕	同学们对运动会取消感到很失落，毕竟之前准备了很长时间。
对……（很）感兴趣	很多人都对中国的传统工艺——剪纸很感兴趣。
对……来说	对一家公司来说，良好的声誉是十分重要的。
非……不可	亮亮非要妈妈给他买玩具汽车不可。
与……相比/相反	高铁与飞机相比，还是高铁便宜一些。 与南半球相反，北半球现在是冬季。
据……说/了解/调查/分析	据邻居说，他是前年从外地搬来的。 据记者调查，这家公司早在几年前就不存在了。
……令人难过/高兴/难忘/钦佩/尊敬	他在比赛中受伤的消息真是令人难过。 他对待工作认真的态度令人钦佩。
拿……来说	拿我来说，骗人的事我是绝对不会做的。
为……而……	年轻人为更美好的未来而努力奋斗是值得的。
向……保证/问好/学习	他向老师保证下次一定按时到校。 请代我向你的父母问好。
以……为目标/起点/理由/借口	如果以成为一个优秀的人为目标，自己也会不断进步。 不要总以时间少为借口，因为时间都是自己挤出来的。
由……组成/负责	这个项目由我负责，有什么问题请联系我。

续表

常用固定格式	例　句
在……上/方面	在如何提高工作效率方面，我还要多向你学习。
在……下	在大家的鼓励下，我终于跑到了终点。
在……看来	在很多人看来，逃避是一种软弱的行为。
在……之前/之中/之内/之后	在会议正式开始之前，主持人会强调一些注意事项。

专项训练

下面ABCD四个句子中只有一个是错误的，请找出这个句子。

1. A 他对这些言论一向很反感。

   B 这篇文章歌颂的是纺织工人。

   C 一连三天的阴雨天让人觉得烦闷。

   D 小江的作文远远超过了300字以上。

2. A 最近，电影院正在放映爱国主题的影片。

   B 住在隔壁的是一位参加过解放战争的老军人。

   C 不顾大家的劝说，疯狂地推开众人，掀翻了桌子。

   D 那两个双胞胎简直一模一样，很难分辨出来谁是谁。

3. A 娜娜在绘画方面上很有天赋。

   B 疫情的发生，使很多饭馆都停业了。

   C 他说自己不能辜负了老师和父母的期望。

   D 在我看来，理想的工作就是自己有兴趣做的工作。

4. A 不能故意毁坏公共财物。

   B 这类垃圾食品的油脂含量很高。

   C 现在路上这么堵，我们何必坐出租车呢？

   D 网络学习相比，在学校学习同学之间的关系更紧密。

5. **A** 他率先带头响应学校的号召。

   B 这本《安全教育手册》人手一本。

   C 他知道自己闯了祸,就躲到朋友家去了。

   D 在朋友的鼓励下,他报名参加了这次的演讲比赛。

6. **A** 他正在为努力成为一名救死扶伤的医生。

   B 她平时不穿裙子,一穿上裙子就浑身不自在。

   C 婚礼上,新郎的歌声响起时,新娘激动得落了泪。

   D 我们要继承艰苦奋斗的光荣传统,为祖国建设贡献力量。

7. **A** 假如给你十天假期,你会做什么?

   B 她在还有100米就到终点时加快了速度。

   C 她常常以身体不舒服借口,逃避上体育课。

   D 即使最后没拿到冠军,你们的表现也已经很出色了。

8. **A** 雨接连下了好几天,立交桥下积水严重。

   B 昨晚的聚会,他因为家里有事提前离开了。

   C 由于设计新颖,这款产品一上市就成了紧俏货。

   D 随着社会的发展变化,一些新词语也随之出现。

9. **A** 他对自己在比赛中的表现还算满意。

   B 这次的抢购活动将在1小时之后截止。

   C 这兄弟俩因为财产继承问题产生了矛盾。

   D 一般情况下,他通常都会坐地铁来上班。

10. **A** 这次的作文题目给了同学们很大的发挥空间。

    B 在他的一再恳求下,教练答应再给他一次机会。

    C 只见他不紧不慢、慢条斯理地端起茶,喝了一口。

    D 人们手拿鲜花整齐地站立在马路两边,欢迎英雄凯旋。

第四讲　逻辑不通和句式杂糅

备考重点与难点

逻辑不通

1. 前后矛盾

前后矛盾，指一句话中前后的说法彼此冲突，存在矛盾。

例1：在这次主题班会上，同学们都互相做了自我批评。

例1中，"互相"指的是彼此同样对待的关系，"自我批评"是自己对自己的错误和缺点进行批评，二者在语义上相互冲突。

例2：上周末的活动，全班同学都积极参加了，只有一位同学因病缺席。

例2中，"全班同学都参加"和"一位同学因病缺席"在范围上相互矛盾。

2. 并列不当

并列不当，指词语因分类不当而引起的逻辑问题。主要是指将不同领域的概念划为同一领域，或将具有包含关系、交叉关系的概念并列使用。

例3：水果店里有苹果、香蕉、哈密瓜、土豆、葡萄等水果。

例3中，"土豆"不属于水果，因此，将"土豆"划分到"水果"的概念领域是不对的。

例4："双十一"期间，电视、冰箱、空调和家电产品都在打折。

例4中，"家电产品"包含了"电视""冰箱""空调"，因此，"家电产品"不能和它们并列使用。

例5：这所学校的教师大多是青年教师和女教师。

例5中，"青年教师"从性别角度来看，包含了男教师和女教师，"女教师"从年龄角度来看，包含了青年教师和老教师，因此，"青年教师"和"女教师"是交叉关系，不能并列。

3. 主客颠倒

一句话中，主语和宾语的关系往往通过"对、对于、与"等介词来反映。一般来说，介词前是主体，介词后是客体，即只能是人对物，或主体对客体。如果句中所陈述的主体和客体位置颠倒，就会造成表达混乱。

例6：故乡对我的印象是蓝天、白云、绿草地。

例6中，主体应该是"我"，客体是"故乡"，正确的说法应是"我对故乡的印象是蓝天、白云、绿草地"。

例7：国外的环境对于刚迈出国门的学生并不能马上适应。

例7中，"刚迈出国门的学生"是主体，是主动的适应者，"国外的环境"是客体，是客观存在的环境，是"学生"适应"环境"，因此，正确的说法应是"刚迈出国门的学生对于国外的环境并不能马上适应"。

例8：烟草的烟雾中含有多种致癌物质。研究表明，主动吸烟和被动吸烟与肺癌的发生密切相关。

例8中，"肺癌的发生"表示结果，"主动吸烟和被动吸烟"是诱因之一，当用介词"与"来揭示它们之间的因果关系时，一般是以结果为主体，以原因为客体，因此，正确的说法应是"肺癌的发生与主动吸烟和被动吸烟密切相关"。

句式杂糅

1. 两种句式混杂

两种句式混杂，是指把两种不同的说法混杂在一个句子中，造成句子结构混乱，语义纠缠。

例9：中考的成绩出来了，他如愿考上了理想的高中，这是与他的努力分不开。

例9中，如果要用"是……的"句式，则需要将此句式补充完整，正确的说法应是"这是与他的努力分不开的"；如果不用"是……的"句式，则需要去掉"是"。

例10：她常常在上午感到头晕，原因是她不吃早饭造成的。

例10中，"原因是……"和"是由……造成的"两个结构混用，应将二者拆开，改为"原因是她不吃早饭"或"是由她不吃早饭造成的"。

2. 前后牵连

前后牵连，是指原本应该断开的两句话被错误地连成了一句。

例11：当教练郑重地把奖杯颁给我的时候，我百感交集的脑海里浮现出一幕幕训练时的画面。

例11中，"百感交集"形容的是"我"的心情，应与下一句"脑海里浮现出……画面"断开。正确的说法应是"我百感交集，脑海里浮现出一幕幕训练时的画面"。

例12：在中国女排身上，我看到了一种顽强战斗、勇敢拼搏的精神是值得我们学习的。

例12中，"一种顽强战斗、勇敢拼搏的精神"是前边"看到"的宾语，同时也是后边句子的主

语，但这句话并不构成兼语句。因此，正确的说法应是"我看到了一种顽强战斗、勇敢拼搏的精神，这种精神是值得我们学习的"。

• 知识库

表2-6 常见的句式杂糅

杂糅例句	正确句式	正确例句
来这里旅游的大多是以国内游客为主。	大多是……	来这里旅游的大多是国内游客。
	以……为主	来这里旅游的以国内游客为主。
对于学习问题上，你可以多向李亮请教。	对于……问题	对于学习问题，你可以多向李亮请教。
	在……问题上	在学习问题上，你可以多向李亮请教。
他每月用于购买书籍的花销多达千元之多。	多达……	他每月用于购买书籍的花销多达千元。
	有……之多	他每月用于购买书籍的花销有千元之多。
这份报纸分为三大板块组成。	分为……	这份报纸分为三大板块。
	由……组成	这份报纸由三大板块组成。
学好一门语言，关键在于多说多练起决定性作用。	关键在于……	学好一门语言，关键在于多说多练。
	……起决定性作用	学好一门语言，多说多练起决定性作用。
他的成功靠的是勇于探索取得的。	靠的是……	他的成功靠的是勇于探索。
	是靠……取得的	他的成功是靠勇于探索取得的。
她的歌深受人们所欢迎。	深受……欢迎	她的歌深受人们欢迎。
	为……所欢迎	她的歌为人们所欢迎。
读书是为了学知识为目的的。	是为了……	读书是为了学知识。
	是以……为目的的	读书是以学知识为目的的。
这些花儿开得这么好，是由于妈妈悉心照料的结果。	是由于……	这些花儿开得这么好，是由于妈妈的悉心照料。
	是……的结果	这些花儿开得这么好，是妈妈悉心照料的结果。

续表

杂糅例句	正确句式	正确例句
通过他的不懈努力下，产品的销售量很快就增长了。	通过……	通过他的不懈努力，产品的销售量很快就增长了。
	在……下	在他的不懈努力下，产品的销售量很快就增长了。
开发新产品需要做市场调查不可。	需要	开发新产品需要做市场调查。
	非要……不可	开发新产品非要做市场调查不可。
老吴肩膀酸痛的原因是他长期伏案工作造成的。	原因是……	老吴肩膀酸痛的原因是他长期伏案工作。
	是由……造成的	老吴肩膀酸痛是他长期伏案工作造成的。
不认真准备，怎么能打赢比赛是可想而知的。	怎么能……	不认真准备，怎么能打赢比赛？
	……是可想而知的	不认真准备，比赛结果是可想而知的。

专项训练

下面ABCD四个句子中只有一个是错误的，请找出这个句子。

1. A 要是你带了雨伞，今天我们肯定被淋感冒了。
   B 怪不得他总打听留学的事儿，原来他想出国读书。
   C 尽管没有正式学过绘画，但他真的达到了专业水平。
   D 老王很爱干净，家里只要有点儿灰尘他都无法忍受。

2. A 他因为屡次犯规，被罚禁赛三场。
   B 我们要制定法律防止权力的滥用。
   C 他上学迟到的原因是早上起得晚造成的。
   D 不管有多么忙，他都会抽出时间来陪孩子读书。

3. A 书店里有文学类书籍、小说、散文等。
   B 在那个年代，我接触电脑的机会极少。
   C 今天不知道什么原因，王红对我不理不睬的。
   D 他在这个城市没什么朋友，也就能跟你发发牢骚。

4. A 茫茫人海中，我们能相遇真的是缘分。
   B 参加此次教师技能大赛的大多是青年教师。
   C 随着新媒体影响的不断扩大，人们的生活也更加丰富多彩。
   D 近年来，沙尘暴等极端恶劣天气的减少是由于大家植树造林的结果。

5. A 这是我国最早开展海外贸易的地区。
   B 由于阳光充足，这里的植物长得很茂盛。
   C 我是用孔子的一句话来勉励自己不断前进的。
   D 这本《摄影入门教程》对初学摄影的人很感兴趣。

6. A 物理对我不感兴趣。
   B 我们要学习先进技术，节约能源，保护环境。
   C 我对花粉特别敏感，一到这个季节鼻子就痒。
   D 这个品牌的牛奶产自我国四大牧区之一——青海。

7. A 他的两次进球成功扭转了比赛的局面。
   B 这个花瓶是她在逛旧物市场时偶然碰到的。
   C 这几天同学们都在忙着为毕业晚会拍摄视频。
   D 你之所以没读懂这篇文章的原因是有几个句式没弄明白。

8. A 这次的爱国主题展分为四个部分组成。
   B 校领导陪同市长参观了学校的教学楼和图书馆。
   C 在老李的监督下，全家人养成了健康的生活习惯。
   D 这次的文艺表演展现出新时代大学生多才多艺的特点。

9. A 麻雀的食物大多以粮食和昆虫为主。
   B 儿子对湖中迎面游来的一群小鸭子感到好奇。
   C 如果能通过最后的评审，他就进入前三名了。
   D 自从爸爸生病住院以后，她就频繁地往返于学校和医院两地。

10. **A** 老宋的胃病是长期不吃早饭造成的。

   B 长时间盯着电脑屏幕,视力会受到损伤。

   C 大家都对他很反感,因为他总欺负老实人。

   D 调查的结果是正在健美瘦身的人多达55%之多。

第二节　拼音词语的辨识及书写

备考重点与难点

新MHK（二级）书面表达分测验中，客观题第二种题型是根据拼音写出相应文字。这种题型考查的重点主要有两个方面：一是根据拼音，结合上下文语境，推断词语的意思；二是根据词义，能正确书写每个字的字形。例如，看到"fǎnyìng"这个拼音，首先根据上下文语境确定是"反映"还是"反应"；而后要注意，写"映"时左边是"日"，不是"目"。

拼音词语的考查点

1. 同音词辨析

例1：这部电影 fǎnyìng 了我国上世纪80年代农村的生活状况。

例1考查的是"反映"和"反应"两个同音词的区别。"反映"是把客观事物的实质表现出来；"反应"做动词时，指机体受到刺激而引起相应的活动或变化。根据语境，此处应该填写"反映"。

2. 近音词辨析

例2：他破坏了大家精心布置的教室，真让人感到 qìfèn。

例2应该填写"气愤"，但有考生可能会忽视声调的区别，想到"气氛"。

文字书写的考查点

1. 笔画错误

有的字笔画出错，很容易就写成错字。例如，"悠久"的"久"最后一笔容易写出头；"挑挑拣拣"的"拣"，右边容易写成"东"。

2. 同音字、近音字混淆

有些字字形不一样，但读音相同或相近。考生在看到拼音时，容易混淆同音字和近音字。例如，"保密"的"密"，有可能写成"奥秘"的"秘"。

有些字读音相同或相近，字形也接近，容易混淆。例如，"练习"的"练"和"锻炼"的"炼"。

3. 形近字混淆

有些字字音不同,但字形非常接近,容易写错。例如,"外地"的"外"和"处理"的"处",其区别主要在于第三笔。

知识库

表2-7 易错同音字、近音字表

拼音	文字	例句
bān	扳	真没想到他个子那么小竟能扳倒那块大石头。
bān	搬	他一个人把那块大石头搬到桥对面去了。
bàn	伴	这个老人无儿无女,每天只有一只狗陪伴着她。
bàn	拌	做蛋糕之前需要不停地搅拌面粉才行。
bào	暴	虽然这只是件小事,但暴露出了他的自私。
bào	爆	亮亮的热水瓶在他接热水的时候爆炸了。
biàn	辩	昨天的语文课上,我们进行了一场辩论。
biàn	辨	除了学习能力,我们还要培养孩子辨别是非的能力。
biàn	辫	她喜欢扎高高的马尾辫。
bó	搏	我们要学习中国女排顽强拼搏的奋斗精神。
bó	博	在他迷上赌博后,他家变得一贫如洗。
chān	掺	你一个小孩子就别瞎掺和大人的事了。
chān	搀	一对白发苍苍的老人互相搀扶着在公园里散步。
chuí	垂	柳树的枝条垂在水面上,真是一道美丽的风景。
chuí	捶	妈妈工作了一天很辛苦,所以我要给她捶捶背。
chuí	锤	我们可以用锤子把核桃砸开,不过你要小心一点儿,避免砸到手。
cuō	搓	他一进屋,赶紧脱掉大衣,走近暖气搓搓手。
cuò	挫	不要怕遇到挫折,挫折往往教会我们更多东西。
cuò	措	现在他们还没有采取有效的保护措施。

续表

拼音	文字	例　句
diāo	刁	他提问题的角度总是很刁钻，老师也没办法回答。
diāo	叼	那只狗从厨房叼了一块肉之后赶紧逃跑了。
dié	碟	他站起来时，不小心把盛菜的碟子打翻了。
dié	蝶	这个短片介绍了一种常见的昆虫——蝴蝶。
dù	渡	一篇文章中的过渡句往往起着承上启下的作用。
dù	度	这片山林由于开采过度，环境受到了严重的破坏。
fēng	锋	这把刀很锋利。
féng	逢	每逢春节，家家户户都要贴上春联迎接新年。
féng	缝	夜深人静的时候，妈妈总是拿起我们的衣服缝缝补补。
gāng	冈	落日照在那座小山冈上，洒下一片金黄。
gāng	纲	你在写作文之前，可以根据提示先写一个提纲。
gǎng	岗	在万家团圆的日子，我们要向那些坚守岗位的人表达崇高的敬意。
guàn	灌	这个地区使用了先进的灌溉技术，省时省力。
guàn	罐	人们普遍认为罐头食品的营养价值低。
jīng	精	雷锋同志乐于助人、无私奉献的精神直到今天还在被人们称赞。
jīng	睛	今天的风很大，吹得我的眼睛都睁不开了。
jù	具	这条街上的店铺很多，有文具店、玩具店，还有家具店。
jù	俱	最近她迷上了打网球，加入了学校网球俱乐部。
jù	惧	面对困难，他无所畏惧。
kěn	垦	他们在那个荒坡上开垦出一块农田。
kěn	恳	看着他道歉时诚恳的态度，我们原谅了他。
kuā	夸	邻居们都夸他是一个听话懂事的好孩子。
kuǎ	垮	听到儿子在这场战争中牺牲的消息，这位老人一下子就垮了。
kuà	挎	她每次出门都要挎的那个包昨天丢了。
kuà	跨	这里的栏杆太高了，你别跨了，我们还是绕路走吧。

第二单元 考点介绍

续表

拼音	文字	例句
kuāng	筐	她把采到的蘑菇放到了筐子里。
kuàng	眶	听到敌人终于被歼灭的消息,他的眼眶湿润了。
kuàng	框	她用手扶了扶眼镜框,继续纺着手中的线。
liáng	梁	鲁迅先生被看作是民族的脊梁。
liáng	粱	现在正是高粱丰收的季节。
lòu	漏	我的书包漏了,所有的书都掉在了地上。
lòu	露	在山顶上,我们可以很清楚地看到太阳慢慢地从云层后面露出来。
mī	眯	由于近视得很厉害,他看什么东西都眯着眼睛。
mí	迷	这篇课文的注释很复杂,让人感到迷惑。
mù	墓	清明节学校组织学生去给革命烈士扫墓。
mù	幕	他是中国知名演员,在大银幕上塑造了很多经典形象。
mù	慕	不要盲目羡慕别人的生活,适合自己的才是最好的。
mù	暮	做事情不能朝三暮四,要学会坚持,这样才能做成一件事。
péi	陪	我已经习惯了她陪着我生活,再也离不开她了。
péi	赔	法院判决被告人赔偿原告十三万元作为补偿。
piāo	飘	起风了,外面的旗子被吹得飘了起来。
piāo	漂	我将纸船放入河中,它顺着水流漂走了。
rǎng	嚷	别嚷了!这是公共场合,不要影响别人。
rǎng	壤	这里的土壤非常适合种苹果。
róng	溶	他把一勺盐放到水里,不一会儿盐就溶化了。
róng	融	春天到了,暖暖的阳光照在小河上,冰雪都融化了。
sǎ	洒	夏天的时候,洒水车会在马路上洒水来降温。
sǎ	撒	这些羊就像一颗颗被撒在草原上的珍珠。
shāo	稍	这道菜很好吃,就是稍微有点儿咸。
shāo	捎	爸爸这次出差回来,给我捎带了很多礼物。
shào	哨	看到这一排排白杨树,我仿佛看到守卫边疆的哨兵。

续表

拼音	文字	例　句
tāo	掏	他一瘸一拐地走过来，从怀里掏出一块老式的手表。
táo	淘	淘气的孩子们不停地敲着锣，吵极了。
táo	陶	这个中国陶瓷展展出的都是精品。
táo	萄	现在正是葡萄成熟的季节。
wéi	维	家里只靠父亲一个人的工资维持着，父亲说有他在，我们家不会垮。
wéi	唯	他唯一的缺点就是脾气不好，太暴躁。
xiá	狭	这是一间狭小的木屋，只放得下一张小床和一张小桌子。
xiá	峡	我们大声喊着，声音在峡谷中回荡。
xié	协	这项工作需要各个部门的协助。
xié	胁	不要威胁他，否则他更不会帮我们了。
yān	淹	洪水淹没了农田和部分民房，解放军战士正要去解救被困住的灾民。
yǎn	掩	再多的谎言也掩盖不了事情的真相。
yáo	遥	那只小鸟从笼子里飞出来，飞向了遥远的地方。
yáo	谣	俗话说，谣言止于智者。我们要做到不信谣言，不传谣言。
yáo	摇	到现在我还记得电影中的那一幕：就在人们熟睡的时候，大地剧烈地摇晃起来，地震发生了。
yáo	窑	他靠在砖窑打工赚钱养家。
yǒng	涌	打开信，看到熟悉的字和问候的话语，我的心中涌起一股暖流。
yǒng	踊	一年一度的学校运动会又要开始了，同学们都踊跃报名参加。
zāi	栽	庭院中央的海棠树是他当年亲手栽的。
zǎi	载	这段历史史书上并没有记载。
zài	载	这个网站有很多相关的资料可以下载。
zǎo	澡	他在外面淋了雨，赶紧冲回家洗了个热水澡。
zào	燥	最近天气干燥，你注意多喝水。
zào	躁	他遇到事情总是容易急躁。
zhān	粘	冰天雪地里吃冰棍儿会把嘴巴粘住。
zhān	沾	这种衣服料子不能沾水，一沾水就变形了。

第二单元 考点介绍

表 2-8 同音词、近音词表

拼音	词语	例　句
bàochóu	报仇	他的父母被敌人害死之后,他就发誓一定要为父母报仇。
bàochou	报酬	如果有人捡到那个贵重的包,失主会给他一笔报酬作为答谢。
bàodào	报到	新学期开始了,同学们陆续回到学校报到。
bàodào	报道	据报道,今年十一古城接待的游客数量是去年的三倍。
bìxū	必须	为了提高写作水平,必须多阅读多练笔。
bìxū	必需	超市搞活动,他买了很多生活必需品。
fǎnyìng	反应	小亮看书看得太入迷,我连叫他几声他都没反应。
fǎnyìng	反映	外出旅游人数的增加反映出人们生活水平的提高。
gūlì	孤立	任何人都不是孤立存在的,我们与其他事物都处于一定的联系中。
gǔlì	鼓励	这篇课文虽然很难,但在老师的鼓励下我背得很流利。
qìfēn	气氛	因为老师讲得好,所以我们的课堂气氛一直很活跃。
qìfèn	气愤	听到这个令人气愤的消息,他不禁握紧了拳头。
quánlì	权力	在封建社会,皇帝的权力是至高无上的。
quánlì	权利	在享受权利的同时,必须自觉履行义务。
xíngshì	形式	好文章不仅内容好,结构形式也要好。
xíngshì	形势	随着稳就业政策体系的完善,我国就业形势逐渐好转。

表 2-9 易错形近字表

文字	拼音	例　词
扒	bā	扒拉
趴	pā	趴下
拔	bá	拔萝卜　拔牙
拨	bō	拨电话　一拨人
柄	bǐng	把柄
病	bìng	病床　病菌　病情
插	chā	插秧

续表

文字	拼音	例　　词
稻	dào	水稻　稻子　稻米
掐	qiā	掐腰
陷	xiàn	陷害　陷入
焰	yàn	闪烁的火焰
乘	chéng	乘法　乘客　乘坐　乘凉
乖	guāi	乖巧
刺	cì	受到刺激　讽刺别人
喇	lǎ	吹喇叭　喇叭花
悼	dào	悼念
掉	diào	掉队
罩	zhào	笼罩
卓	zhuó	追求卓越
惰	duò	懒惰
随	suí	随后　随手　随便　随地　随时
沸	fèi	沸腾
佛	fú	仿佛
腐	fǔ	豆腐　腐败　腐蚀　腐朽
瘸	qué	瘸腿
虎	hǔ	老虎　马虎
虏	lǔ	俘虏
虑	lù	考虑
虚	xū	谦虚　虚弱　空虚　虚伪　虚心
惑	huò	迷惑
域	yù	区域　领域
浇	jiāo	浇花　浇水
挠	náo	阻挠
戒	jiè	戒备
绒	róng	羽绒

第二单元 考点介绍

续表

文字	拼音	例　词
贼	zéi	贼好看　贼头贼脑
输	shū	输赢　运输
偷	tōu	偷懒　偷窃　偷偷
愉	yú	愉快
喻	yù	比喻
枉	wǎng	冤枉
旺	wàng	兴旺
协	xié	协定　协助
胁	xié	威胁
冶	yě	冶炼
治	zhì	治疗　防治

专项训练

请根据下面几段文字中上下文的意思认读拼音,并写出正确的文字。

1～5

很久很久以前,上海曾是一片荒凉的 zhǎozé 地,其中流淌着一条小江。传说战国时期楚令尹黄
　　　　　　　　　　　　　　　　　　1

歇带领百姓治理过它,后人为了表示 gǎnjī,便将这条江称作"黄歇江",简称"黄浦"。据文献 jìzǎi,
　　　　　　　　　　　　　　2　　　　　　　　　　　　　　　　　　　　　　　　　3

黄浦江水 guàngài 着万顷良田,也孕育了一代又一代勤劳朴实的人民。如今,它又在为上海大都市的
　　　　4

能源建设默默 fèngxiàn 着。
　　　　　　5

6～8

最近,影院正在 fàngyìng《流浪地球》。我和妹妹在父母的 péibàn 下,也走进影院,看了这部
　　　　　　　　6　　　　　　　　　　　　　　　　　　　7

我们xiàngwǎng已久的影片。电影讲述了太阳急速衰老膨胀，人类的地球生活即将被这一变故cuīhuǐ，
　　　　8　　　　　　　　　　　　　　　　　　　　　　　　　　　　　　　　　　　9
人类为了自救，开启了"流浪地球"jìhuà，寻找新家园的故事。
　　　　　　　　　　　　　　10

11～15
　　丝绸之路，一般指陆上丝绸之路。陆上丝绸之路qǐyuán于西汉，是以当时的首都长安为qǐdiǎn，
　　　　　　　　　　　　　　　　　　　　　11　　　　　　　　　　　　　　　　12
经甘肃、新疆，到中亚、西亚，并liánjiē地中海各国的陆上通道。它最初的作用是yùnshū中国古代
　　　　　　　　　　　　13　　　　　　　　　　　　　　　　　　　14
出产的丝绸。"丝绸之路"这一名词最早是一位德国dìlǐ学家提出的。
　　　　　　　　　　　　　　　　　　　　15

16～20
　　昨天班里开展了一场激烈的biànlùn赛，题目是"中学生上网的利与弊"。正方同学认为，上网
　　　　　　　　　　　　　　16
的好处多，网络可以用来查找zīliào，可以zēngjiā知识量；反方同学则认为，网络给中学生带来的
　　　　　　　　　　　　17　　　　18
xiāojí影响更大，如果不正确利用网络，一些学生会因为上网而kuàngkè，有些学生甚至走上犯罪
19　　　　　　　　　　　　　　　　　　　　　　　　　　　　20
道路。

第三节　提示性写作

备考重点与难点

提示性写作，顾名思义就是给出一些关于写作内容的提示——或提供情景、文字材料等，或给出写作提纲、开头内容等，让考生按要求写作。常考的文体包括记叙文、读书笔记、读后感、书信体应用文。

写作考查点

写作是对考生语言综合运用能力的考查。考生觉得写作难，分析其原因，无非以下几种情况：遣词造句是一难，考生不知道选哪个词，以及如何表达清楚意思——这是因为考生的语言基本功不扎实；无话可说是一难，考生想表达的意思和道理一句话就说完了，想不到用相关材料去辅助说明——这是考生平时缺乏积累和训练所致；文章没有条理是一难，考生有太多话要说，想到什么写什么——这是由于考生在动笔前没有理清写作思路。

从作文评阅的角度出发，可以将 MHK 对作文的考查点分为五项。

表 2-10　MHK（二级）作文考查点

序号	项目	具体要求
1	内容	内容完整，主旨明确
		材料丰富
		详略得当
2	条理	结构合理
		衔接连贯
3	语言	用词准确自然
		句式准确丰富
4	文字书写	正确，整齐
5	标点符号	使用正确，书写正确

要提高作文分数，考生可先从较基础、易改观的第4、5项入手，在进行考场写作时，少写错别字，保证字迹清楚，标点使用正确。这样，就可以拿到阅卷老师的第一印象分。

王国维先生说"为文如造屋"。房子在建造之前，要弄清楚为什么要建这个房子，要建一个什么样的房子。写文章如同造房子，在动笔之前要明确文章的主旨，这就要求考生能够读懂作文提示，围绕题目要求的中心意思进行构思。此外，文章的内容应有详有略。

接着是根据文章主旨谋篇布局，搭建文章结构。文章的结构和条理体现了写作者的思路，考生可以利用思维导图来梳理写作思路。同时，要注意前后文意思之间的联系，可以用关联词语、时间地点词语，甚至小标题等过渡。

在语言方面，考生可以从加大阅读量入手，积累好词好句，注意按主题、按表达功能等分类归纳词句，以便达到更好的记忆效果。

写作步骤及注意事项

1. 读懂作文提示，明确作文提示要求的写作对象或写作内容。

2. 快速确定文章体裁。新MHK（二级）大纲对写作的要求是"能写简单的记叙文，能写读书笔记、读后感和常见的应用文，如一般书信、表扬信、感谢信、申请书等"。考生可根据具体的写作要求，确定文章体裁。

3. 明确所写文章的中心思想。考生在下笔之前思路要清晰，可在心中构思文章的主导思想，以及文章的大致框架，必要时可在草稿纸上列出自己的思路。

4. 注意分段。如果给出了写作提纲，则需要按照所给提纲进行分段。写作时，文章一般分为三个部分：开头、主体、结尾。每个部分为一段，当然，一个部分也可以分成多段。段落之间要注意衔接过渡。

5. 注意详略得当。不要各段平均用力，要有详有略。一般来说，开头、结尾简单写，文章的主体部分，尤其是说明中心思想的部分需要加以具体的叙述和描写。

6. 注意表达方法的运用。根据文章体裁，选择恰当的表达方法，如叙述、说明、议论或描写。

7. 注意写作时间和写作字数的要求。新MHK（二级）大纲规定，考生需要在30分钟内完成一篇不少于300字的作文。

8. 注意检查是否有语病、错别字以及标点符号错误。新MHK（二级）大纲要求"文章内容比较具体，完整，有条理"，强调表达顺畅；同时，也要避免出现错别字，正确使用标点符号。

9. 注意卷面美观。"清楚工整，行款整齐"是新MHK（二级）大纲对考生作文格式的要求。在写作中，要注意每个空格对应一个字，标点符号使用要规范。作文题目应该居中，正文中每段段首应空两格。在书信体中，称呼语要顶格写，后加冒号。此外，还要注意保持卷面整洁，不得涂划损坏答卷。

不同文体写作的注意事项

新MHK（二级）大纲对书面表达分测验中作文的文体做了一定要求，下面主要介绍记叙文、读后感、应用文写作的注意事项：

1. 记叙文避免写成流水账。记叙文以写人或叙事为主，常常是描写一个人或讲述一件事。有的考生虽然把事情讲清楚了，可是表述啰唆，或者写得单调，这样的文章读起来很乏味。

2. 读后感避免内容概括的篇幅多于所感所想。读后感写作一般是先对所读文章进行概括总结，然后再提炼中心思想，最后结合自身实际谈体会与感想。其中，概括原文应当是略写的部分，不必占用太多篇幅和时间，自己的体会和感想才是一篇读后感的主体内容。

3. 应用文避免结构形式的残缺。应用文的格式相对固定，写作时不要缺项。如一般书信，要有称呼、问候语、正文、祝语、署名、日期六部分，其中问候语和祝语容易被遗忘。

使用标点符号的注意事项

标点符号是辅助文字记录语言的符号，是书面语的有机组成部分，用来表示停顿、语气等。使用标点符号时应该注意：

1. 内容方面：根据文意的停顿和语气，正确使用标点符号。要避免文章中出现"一逗到底"的现象。

2. 格式方面：一般除了前引号、前书名号、前括号、破折号外，一行的顶头不出现标点符号。

3. 书写方面：书写标点符号时，逗号不能写成空心圈儿，句号不能只点一个实心点儿，顿号和逗号要注意区分。

知识库

表 2-11 常用标点符号的规范用法

名称	符号	用法及示例
顿号	、	用于句中，表示语段中并列词语之间的停顿。 秋天到了，果园里的苹果、梨、葡萄都丰收了。 看书、浇花、做饭、打扫房间，这就是我每天的日常。
逗号	，	用于句中，表示句子或语段内的一般性停顿。 学历史使人更明智，学文学使人更聪慧。 下班后，我和同事一起去菜市场买了菜。
分号	；	用于句中，表示复句内部并列分句之间的停顿。 语言文字的学习，就理解方面说，是得到一种知识；就运用方面说，是养成一种习惯。 做，要靠想来指导；想，要靠做来证明。
冒号	：	用于句中，表示提示下文；用于书信、讲话稿中称谓语或称呼语之后。 北京紫禁城有四座城门：午门、神武门、东华门和西华门。 亲爱的朋友们：欢迎来到美丽的"春城"昆明！
句号	。	用于句尾，主要表示陈述语气，有时也可表示缓和的祈使语气。 北京是中华人民共和国的首都。 王经理正在开会，请你稍等一下。
问号	？	用于句尾，主要表示疑问语气。 你是初一的学生吗？ 难道你没听说比赛取消了？
感叹号	！	用于句尾，表示感叹语气。 才一年不见，这孩子都长这么高啦！ "加油！加油！"场下的观众使劲儿为运动员们呐喊。
引号	""　''	标示语段中直接引用的内容或需要特别指出的成分。当引号中还需要使用引号时，外面一层用双引号，里面一层用单引号。 电子游戏被称为"第九艺术"。 他问道："老师，'七月流火'是什么意思？"

续表

名称	符号	用法及示例
括号	（）	标示语段中的注释内容、补充说明或其他特定意义的语句。 我校拥有特级教师（含已退休的）17人。 跨年晚会到此结束，谢谢大家！再会！（长时间的鼓掌）
破折号	——	标示语段中某些成分的注释、补充说明或语音、意义的变化。 我最喜欢的城市之一——云南昆明。 老李拉长声音大声喊道："卖苹果喽——！"
省略号	……	标示语段中某些内容的省略及意义的断续等。 请用"虽然……，但是……"造一个句子。 你这样做，未免也……
连接号	- — ～	标示某些相关成分之间的连接。 李白（701年—762年），唐代伟大的浪漫主义诗人。 请同学们课下预习第三～五课的生字词。
书名号	《》	标示语段中出现的各种作品的名称。 四大名著中，她最爱读《红楼梦》。 每天早上，我都看到爷爷坐在阳台上读《人民日报》。

●专项训练

一、下面的文章中有几处表达错误和几处不符合应用文要求的错误，请找出来，并改正。

						感	谢	信											
敬	爱	的	王	老	师	：													
	您	好	！	光	阴	似	箭	，	日	月	如	梭	，	转	眼	间	我	们	一	起	度	过	了
六	年	的	时	间	就	要	结	束	了	。	在	此	，	我	要	感	谢	您	对	我	的	养	育	，
您	虽	然	教	我	读	书	，	还	教	导	我	做	一	个	正	直	、	善	良	的	人	。	这	六
年	中	，	我	给	您	添	了	不	少	麻	烦	，	因	为	我	的	淘	气	，	没	少	让	您	操
心	，	对	此	我	感	到	很	道	歉	。	不	过	即	使	毕	业	了	，	平	时	您	对	我	们
的	教	诲	我	也	会	一	直	记	在	心	里	，	感	谢	您	参	与	我	的	成	长	。	最	后

049

我想向您说一声:"老师,谢谢您!"
　　祝您身体健康,工作顺利!

二、下面的文章中存在标点符号使用不当的错误,请找出来,并改正。

　　端午节是我国的传统节日,也是我最喜欢的传统节日之一,在这一天,我们都要吃粽子来纪念伟大的爱国诗人——屈原.每到端午节,姥姥便会包很多粽子,姥姥包的粽子个头儿很大而且枣很多。每当姥姥包粽子时,我就喜欢去凑热闹一边仔细观察姥姥包粽子的手法,一边学着自己动手包。包粽子虽然看起来简单,但当自己动起手来时,就是另一回事了,不是米放得太少,就是米放太多叶子包不住了,抑或是叶子被撕破了……即使学会之后,也只有第一个粽子包得像模像样!

第三单元

客观选择题与文字书写题

单元简介

本单元主要介绍客观题的应对方法,并配有相应练习题帮助考生熟悉答题策略,提高应试能力。

客观题第一种题型是找出有错误的句子。要答好这种题型,考生需要提高分析句子的能力,能辨识常见的词语、句义、语序或句子结构上的表达错误。本单元第一至第三节,从整体感知句义到句子结构提取,再到修饰语顺序、词语感情色彩的检查,帮助考生由表及里一步步深入对句子进行分析。

客观题第二种题型是根据拼音写字。本单元第四节主要介绍根据句义锁定词语的方法,帮助考生区分易混字词,并从文字形体角度出发,提高考生对文字的识记能力,避免写错字。

第一节 会其意、析事理

方法与策略

判断一个句子是否正确,首先要认真通读整个句子,边读边想句子要表达的意思。如果句义啰唆重复,或句义不符合逻辑事理,或句义不明确,那么这个句子就存在问题。从句子的整体意义出发,可以在理解句义的过程中判断句子是否存在成分冗余、逻辑不通、指代不明的问题。

1. 看句义是否重复啰唆

例1:只要有信心,所有的一切困难,都能得到解决。

例1的病因是成分冗余。句子中"所有的"就是"一切"的意思,二者同时使用,造成意思重复。

例2:据统计,报名参加此次登山活动的人数至少在50人以上。

例2的病因是成分冗余。句子中的"50人以上"表示大概的人数,概数词前不能再加"至少""最多""最低""最高""超过"一类的词语。

2. 看句子是否符合常理,意思有无矛盾

例3:他是我们乐团第二首席小提琴演奏家。

例3的病因是逻辑不通。这句话中,"第二"与"首席"语义矛盾。

例4：放好行李后，我和朋友一起去宾馆外边的水果超市买日用品。

例4的病因是逻辑不通。一般在水果超市是买不到日用品的。

例5：小王打开门，请我们参观他的新家，并双手接过给我们准备的水果。

例5的病因是逻辑不通。如果水果是小王准备的，应该是小王"递"给我们；如果水果是我们送给小王的，应该是小王"接"过去。

3. 看语义是否有从属不当的问题

例6：这次课外活动，小李和全班同学都要参加。

例6的病因是从属不当。这句话中，小李是全班中的一员，不应该并列列举。

例7：那家水果店中秋节有优惠活动，葡萄、哈密瓜、南瓜、苹果等水果都便宜了很多。

例7的病因是从属不当。这句话中，南瓜不属于水果。

4. 检查句中的指代是否清楚

例8：丽丽给妈妈倒了一杯水，她对她说这水有甜味儿。

例8的病因是指代不明。这句话中，"她对她说"不知道是谁对谁说。

例9：我喜欢旅游，到过内蒙古、杭州、南京等城市，那里有水有山，风景美极了。

例9的病因有二。一是指代不明。这句话中，"那里"具体指代哪座城市并不清楚。此外，这句话还存在从属不当的问题："内蒙古"不是"城市"，不能跟"杭州、南京"并列。

专项训练

下面ABCD四个句子中只有一个是错误的，请找出这个句子。

1. **A** 他苦苦哀求老板不要开除他。

   B 即使身患重病，他依然很乐观。

   C 亮亮既想学笛子，又想学钢琴。

   D 我们全班同学和全校师生都十分重视这次运动会。

2. **A** 工人们因为工资太少，集体罢工了。

   B 在大家的共同努力下，工程按期完工了。

   C 面对昂贵的留学费用，他放弃了出国的计划。

   D 李伟和张朋互相拍了拍肩膀，他安慰道："输一次没事儿。"

3. A 猎豹是一种行动十分敏捷的动物。

B 手机日益成为人类生活必不可少的必需品。

C 看到辽阔的大草原，人的心情会变得很好。

D 在昨天的表演中，扮演孙悟空的演员给大家留下了深刻的印象。

4. A 医院、学校等公共场所禁止吸烟。

B 我和你一样，也不喜欢喝橙汁和果汁。

C 因为没有确凿的证据，警察无法抓人。

D 你多想想自己的问题，不要总是埋怨别人。

5. A 鸽子是和平的象征。

B 每逢春节，满街都是喜庆的红灯笼。

C 作家丰子恺对于鹅的描写非常生动。

D 爷爷既不吃水果也不喝果汁，因为它太甜了。

6. A 谁都没有权利干涉别人的生活。

B 为了给运动员加油，我的嗓子都喊哑了。

C 他兴高采烈地跑过来，高兴地告诉我："我们赢了！"

D 为了保障校园安全，学校一到晚上就会有巡逻队巡逻。

7. A 大雁到了秋天就会飞到南方。

B 数学课上，他总是听得非常认真。

C 针对这个问题，我们展开了激烈的辩论。

D 他不喜欢这部电影，所以总会推荐给他的朋友。

8. A 立交桥上来来往往的车辆川流不息。

B 这个港口停着来自世界各地的货船。

C 我不仅见过红色的蜻蜓，还见过蓝色的。

D 王老师学识渊博，常被应邀到许多高校发表演讲。

9. A 这场火灾几乎毁掉了他的一切。

   B 假如再给我一次机会，我一定会做得更好。

   C 老师经常夸赞自己，这让我感到非常自豪。

   D 你最好主动向她承认错误，不然她会生气的。

10. A 在超市购物只要满100元就会有优惠。

    B 既懒惰又爱发牢骚的人是不会招人喜爱的。

    C 即使比赛没赢也不要灰心，要善于总结经验教训。

    D 做人要讲原则，否则，没有原则，就容易随波逐流。

第二节 提结构、看语序

方法与策略

面对成分复杂的句子，可能一时无法从句义上判断句子的正误。此时，可以先用简缩法将句子紧缩，提取句子的主干结构，从句子的主干入手，检查其结构是否完整、清晰，有没有成分残缺、句式杂糅、搭配不当等问题；而后再逐一检查各个枝叶成分，看看是否存在语序不当、成分冗余等问题。当句子中有多项修饰语时，可以用类比法判断句子是否存在语序不当的问题。

1. 采用简缩法发现问题

例1：港珠澳大桥从根本上解决了阻碍香港、珠海、澳门三地合作的交通。

例1的病因是成分残缺。这个句子可以简缩为"港珠澳大桥解决了交通"，从中可以发现句子主干中"解决"的宾语缺失。可以说"解决问题"，不能说"解决交通"。因此，应在句末补充谓语动词"解决"的宾语"问题"。

例2：植物的一些特点是由于生活环境决定的。

例2的病因是句式杂糅。这个句子可以简缩为"特点是由于生活环境决定的"。提取句子结构有助于发现一些句式使用上的错误。这个句子混用了"是由于……"和"是由……决定的"两种句式，应该改为"植物的一些特点是由生活环境决定的"。类似的句式杂糅问题可以通过熟记句式结构来发现。

例3：为了减少污染，政府采取了垃圾分类的规定。

例3的病因是搭配不当。这个句子可以简缩为"政府采取规定"，从中可以发现句子主干存在动宾搭配不当的问题，可以说"采取措施""采取方法"，不能说"采取规定"。

2. 采用类比法发现问题

例4：李强在那家理发店跟他父亲两天前遇见了小学同学。

例4的病因是语序不当。这个句子可以先用简缩法简化为"李强遇见了同学"，由此看出句子主干不存在问题。然后再检查修饰主干的其他成分：谓语动词（"遇见"）前出现了表示处所（"在那家理发店"）、对象（"跟他父亲"）、时间（"两天前"）的状语。当句子中有多项状语或多项定语时，通常要重点关注它们的顺序是否正确。考生可以自己模仿例句造一个自己熟知的、正确的句子

（例如：老师昨天下午［表示时间］在班里［表示处所］跟同学们［表示对象］说了说周末的活动安排。）进行比较，判断例句的正误。通过类比可以发现，例4中表示时间的状语应放在表示处所和对象的状语之前。此外，考生还可以通过学习第二单元"多项状语的基本排列顺序"发现问题。

例5：老刘是一位优秀的有多年教学经验的我们学校的语文教师。

例5的病因是语序不当。通读句子可以发现，宾语（"教师"）前出现了多项定语：有数量词（"一位"）、形容词（"优秀"）、动词短语（"有多年教学经验"）、种属短语（"我们学校"）、名词（"语文"）。考生可以通过类比法判断例句的正误。例5正确的表述应该是"老刘是我们学校一位有多年教学经验的优秀的语文教师"。

专项训练

下面ABCD四个句子中只有一个是错误的，请找出这个句子。

1. A 我们一定要杜绝考试作弊的现象。

   B 在上周五的会议中，采纳了他的建议。

   C 山东省潍坊市是著名的"世界风筝都"。

   D 看书时要与书本保持距离，从而预防近视。

2. A 跳高和跳远都是我去年参加过的比赛项目。

   B 妈妈给我买的这本书是我这次通过考试的奖励。

   C 通过老师的耐心指导下，他明白了这篇课文的意思。

   D 对他来说，只要能得到一份稳定的工作就是幸福的。

3. A 她身上穿的那件荷花图案的衣服真好看。

   B 广场舞是一种深受中老年人喜爱的运动途径。

   C 如果晚上没有充足的睡眠，第二天我们会非常疲倦。

   D 因为他特别喜欢摩托车，所以家里到处都摆着摩托车模型。

4. A 雾散了，远处高楼的轮廓渐渐清晰了。

   B 到了陌生的环境，我会感到既好奇又害怕。

   C 奥运会的举办给这个地区提供了很多就业机会。

   D 明天李老师要在班级做关于一个保护环境的报告。

5. A 学校批准了王老师去边远地区支教的希望。
   B 他乐于助人的品质给我留下了深刻的印象。
   C 在一个标准大气压下，水被煮到100度的时候就会沸腾。
   D 中秋节是我国的传统节日，在这一天我们会赏月、吃月饼。

6. A 老师鼓励大家参加学校组织的秋游活动。
   B 这学期学的数学公式太多了，我都记不住了。
   C 他虽然工作很忙，但还是会抽出时间陪伴孩子。
   D 这条河流的污染能不能治理好关键在于人们的积极。

7. A 这片茂密的树林很容易让人迷路。
   B 居民们积极响应社区关于垃圾分类。
   C 每天清晨我都会被窗外的鸟叫声吵醒。
   D 这家书店为读者开辟了充足的阅读、休息空间。

8. A 李白是唐代中国一位著名的诗人。
   B 寓言故事通常会告诉我们许多人生道理。
   C 天气预报显示，北京未来四天将会是晴天。
   D 我没带钥匙，不过恰巧在门口遇到了姐姐，真是幸运。

9. A 实践证明，多读多练是学好一门语言的关键。
   B 在学校篮球场下午我们要举办一场篮球比赛。
   C 这孩子的脾气越来越大了，他的父母也很无奈。
   D 他因为紧张一不小心摔倒在地，裤子上磨了一个窟窿。

10. A 我从小幻想着能拥有一艘属于自己的飞船。
    B 妈妈是否给我买新电脑取决于我这次的考试成绩。
    C 我们的生物老师总喜欢穿看起来很严肃的黑色衣服。
    D 这棵树上结满了果实，总有调皮的孩子想用棍子打一些下来。

第三节 品词语、看搭配

方法与策略

在确定句子结构完整、清晰后,可以进一步关注句子中词语的使用情况。本书在"考点介绍"中提到词语误用和搭配不当的错误,考生可以通过简缩法来检查句中各项句法成分是否存在搭配不当的问题,本节主要讲解词语误用的识别方法。

1. 关注词语的基本义

例1:小王态度很不好,别人跟他说话就像碰钉子。

例1的病因是词语误用,具体来说是"碰钉子"一词使用不当。"碰钉子"说的不是态度问题,而是指遭到拒绝。例句并没有向小王提出请求却被拒绝的语义。

例2:这个手工艺品的题材虽然很常见,但它的表现形势却很有特色。

例2的病因是词语误用,具体来说是"形势"一词使用不当。"形势"通常指事物发展的状况,如"国际形势",而例句中,手工艺品的题材(内容)应该和"形式"对应,由于"形式"与"形势"同音,容易混淆。

2. 关注词语的感情色彩

例3:这几个男孩子很团结,在校园里总是一起欺负弱小。

例3的病因是词语误用,具体来说是"团结"一词使用不当。"团结"是个褒义词,显然与"几个男孩子合伙欺负别人"的语义不符。

3. 关注词语的搭配

例4:老孙在抗击疫情中表现突出,我们应该把他为榜样,向他学习。

例4的病因是词语误用,具体来说是"把"和"为榜样"搭配不当。例句中,"把他为榜样"应改为"以他为榜样"。考生平时应注重常用固定格式(详见第二单元表2-5)的积累,以便在考试中快速、精准定位,提高做题的准确率。

例5:为了防止疲劳驾驶事故不再发生,有关部门采取了一系列措施。

例5的病因是词语误用,具体来说是"防止"和"不再"搭配不当。例句中"防止……不再发生"的语义不符合情理，考生可牢记"防止……再次……"的固定搭配。

专项训练

下面ABCD四个句子中只有一个是错误的，请找出这个句子。

1. A 只知道享受生活却不努力奋斗是不值得提倡的。
   B 如果一个人摆脱了想象力，那他的生活也就没什么乐趣了。
   C 因为指挥官草率地下达了命令，所以他们这次的任务失败了。
   D《十万个为什么》这套书内容丰富，我们可以从中学到很多知识。

2. A 他因为跟大家的意见不一致而受到孤立。
   B 李红竞选班干部失败的原因是缺乏组织能力不足。
   C 虽然大家都说狐狸是一种狡猾的动物，但我觉得它很可爱。
   D 科学家的工作一点儿都不能含糊，哪怕很小的错误，都会造成严重的后果。

3. A 做数学题的时候，我们要灵活地运用所学知识。
   B 爬山的时候虽然很累，但只要我们刻苦就一定会到达山顶。
   C 父母不能一直批评孩子，适当的奖励会让他们进步得更快。
   D 在男子800米长跑中，小亮虽然因为摔倒落后了一圈，但他仍坚持完成了比赛。

4. A 放映在湖面的风景像极了一幅山水画。
   B 需要强调的是，同学之间盲目攀比是一种不好的风气。
   C 她是当代一位著名作家，她的书具有很强的个人风格。
   D 从下个月开始，他要在报纸上开辟一个专栏写家庭故事。

5. A 作为一个合格的士兵，他忠诚于自己的国家。
   B 孩子们丰富的想象力总是让大人都感到惊讶。
   C 他是这场火灾中唯一的幸存者，所以感到很自豪。
   D 小林十分重视这次知识竞赛，课余时间人们总看到他找老师请教问题的身影。

6. A 那条小溪之前水量丰富，现在已经干涸了。

   B 首先你要明确自己的目标是什么，然后再制订实现它的计划。

   C 善于时间管理的人，会在工作、娱乐和休息之间找到适当的平衡。

   D 尽管妈妈反复提醒王亮不要忘记带身份证，但他最终还是忘带了。

7. A 前面那条路正在扩建，暂时禁止通行。

   B 你别看她个子不高，但她的力气真的很大。

   C 最近，电视、报纸等媒体都在普及疾病预防知识。

   D 按父母来说，优秀的成绩就是子女对他们最好的回报。

8. A 我在做这件事之前，就设想了最坏的成果。

   B 在我看来，输掉这次比赛的原因是我们缺乏信心。

   C 未经同意就随意拿别人东西的行为和偷没什么区别。

   D 这家公司是否具备参加本次活动的资格，还需要进一步确认。

9. A 他热情好客，经常邀请同事朋友到他家做客。

   B 他通过不断克服自己的性格弱点来提高自己。

   C 他以老板保证，这个月的业绩一定会达到指标的。

   D 即使知道他是不会答应参加这种活动的，我们也应该给他发邀请。

10. A 按照国家规定，国庆节放七天假。

    B 这个现象很难用几句话解释清楚。

    C 活动期间，有歌舞表演来活跃气氛。

    D 为避免学生上学不再迟到，学校加强了检查力度。

第四节　掌握文字的音、形、义

方法与策略

应对根据拼音写文字的题型，分析语境确定词义是前提，正确书写文字是基础，二者都是做好此类题的难点。

1. 根据语境，推测词义

做文字书写题，由拼音联想到词义是首要任务。考生既可以根据上下文语境进行推测，也可以通过分析与拼音词搭配的词语来推知词义。

例1：这本书的内容很 kūzào，让人看不下去。

根据例1中的后半句话推知，这本书的内容没意思，让人没兴趣阅读，因此句中的"kūzào"是指无趣味，没有意思。

例2：那家新开的 fànguǎn 菜品丰富，环境也很不错。

根据例2中"菜品丰富""环境不错"等信息可知，句中"fànguǎn"是吃饭的场所。

例3：今年的年夜饭丰盛极了，尤其是盛放在这套漂亮的陶瓷 cānjù 中让人更有食欲了。

根据句义可知，例3中的"cānjù"是陶瓷制成的、用来盛放食物的器具。

2. 利用文字知识，确定字形

确定词义之后，就要根据词义联想相应字词的字形。考生可以从文字形体角度，思考拼音词的部首或其他组成部件。此处我们仍以上面的3个句子为例，继续讲解在确定拼音词语的词义之后确定字形的方法。

推测出例1中"kūzào"的意思之后，考生需要联想哪个字词表达的是这个意思。"kū"字同音字不多，较容易联想到"枯"。"zào"可能会想到"燥""躁"等字，其中，火字旁的"燥"表示缺少水分，正好与"枯"的意思（失去水分）一致。足字旁的"躁"表示脚不安静的样子，人着急的时候容易走来走去，所以常用词有"急躁""烦躁"等。从这一点上，可以区分两个字的不同来源及意义。另外，在记忆时，与"zao"这个读音相关，并且字形近似的还有"洗澡"的"澡"、"噪音"的"噪"，单从字形上看，还有"早操"的"操"。这些相关的字形可以利用一定的规律进行记忆。

例2中"fànguǎn"与食物有关，我们会联想到部首"饣"，再根据形声字表音的特点，写出

"反"和"官",最后写出"饭馆"。

例3中的"cānjù"是陶瓷制成的、用来盛放食物的器具。考生学过的读音为"cān"的字有"参"和"餐"。比较后发现,"餐"字中包含部件"食",故"餐"字与食物和吃饭有关,这样一来,考生就能锁定"餐"字。根据词义,考生很容易想到"jù"应该为"工具"的"具"。虽然"餐具"一词未在二级词表中列出,但我们可以据此学习一种推测词义进而确定词语的方法。

3. 利用形声字规律记忆文字

在识记文字形体时,应结合文字本身的字理,在理解的基础上记忆。形声字在国家通用语言文字中占相当大的比重。形声字是由表示读音的声旁和表示意义的形旁组成的,例如:"盯",左边的"目"表示这个字的意思与眼睛有关,右边的"丁"提示发音;"钉",左边的"钅"表示这个字的意思与金属有关,右边的"丁"提示发音。

随着语言文字的演变发展,很多时候形声字的读音与其声旁的读音不完全一致,如"饭"和它的声旁"反"声调不同,"吵"和它的声旁"少"只是韵母和声调相同。尽管如此,考生仍能利用形旁和声旁来帮助识记文字。如"请""晴""睛"三个字,虽然都通过声旁"青"来表音,但形旁不同,意思也不同。"请"是言字旁,因为"请人帮忙""发出邀请"都与语言有关;"晴"是日字旁,与太阳有关;"睛"是目字旁,与眼睛有关。同样,提手旁的"捂"表示与手有关的动作,竖心旁的"悟"表示用心领会。

● 专项训练

1～5

这家工厂的老板拖欠工人工资的行为让人 qìfèn。我国对劳动者的合法权益提供了法律
　　　　　　　　　　　　　　　　　　　　　1
bǎozhàng。任何人都不能剥夺他人获取合法 bàochou 的 quánlì。如果用人单位拖欠的工资达到了
　2　　　　　　　　　　　　　　　　　　　3　　　　4
一定金额,还需要 chéngdān 刑事责任。
　　　　　　　　5

6～10

在我的学习生涯中,给我 yìnxiàng 最深的是教我写作的陈老师。陈老师是一位善良、和蔼的老
　　　　　　　　　6

师，微胖的脸上有一双 cíxiáng 的眼睛。记得刚上陈老师的课时，我们由于胆子小，不敢回答问题，
　　　　　　　　　　　7

陈老师不但没有生气，反而笑着 gǔlì 我们，我至今都记得她那 wēnnuǎn 人心的微笑。在陈老师的帮
　　　　　　　　　　　　　　　8　　　　　　　　　　　9

助下，我们的书面表达能力得到了很大的 duànliàn。
　　　　　　　　　　　　　　　　　　　10

11～15

　　刺眼的阳光让他不自觉地 mīqǐ 眼睛，他漫无目的地向前走着。突然，一面随风 piāoyáng 的五
　　　　　　　　　　　　　　11　　　　　　　　　　　　　　　　　　　　　　12

星红旗出现在眼前，他好像一下子回到了那年的领奖台上……他顿时感到浑身充满了 gànjìn，是那
　　　　　　　　　　　　　　　　　　　　　　　　　　　　　　　　　　　　　13

面红旗一直 zhǐyǐn 和 jīlì 着他不断向前，以前是，现在还是。
　　　　　14　　15

16～20

　　今天我们去参观了历史 bówùguǎn。那里展出的一幅油画给我留下了 shēnkè 印象。画中 chéngxiàn
　　　　　　　　　　　16　　　　　　　　　　　　　　　　　17　　　　　　　18

了中华民族在战火中顽强 pīnbó 的精神，正是这代代相传的精神力量，鼓舞着我们当代年轻人不断为
　　　　　　　　　19

实现中华民族的伟大复兴而 fèndòu。
　　　　　　　　　　　　20

21～25

　　今天，在全校文艺 huìbào 演出中，我们班的舞蹈节目获得了一等奖。听到主持人宣布我们班得奖
　　　　　　　　　21

的那一刻，同学们都 fèiténg 了。作为演员之一，听到大家的欢呼声，看到大家投来的 xiànmù 的目光，
　　　　　　　22　　　　　　　　　　　　　　　　　　　　　　　23

我内心 yǒngqǐ 了一股强烈的自豪感。"台上一分钟，台下十年功。"为了这次表演，我们一个月中大
　　24

部分时间都是在舞蹈室 dùguò 的，幸运的是我们的付出有了回报。
　　　　　　　　25

第四单元

主观写作题

单元简介

本单元主要介绍主观写作题的应对方法。在写作技巧方面,结合几种常见的文体结构,从形式上进行规范。同时,针对考生"无话可说"的情况,本单元以思维导图作文法贯穿全部内容,以期开拓考生思路。

为使考生写作时的用语更加丰富,本单元的知识库提供了一些常见题材的支撑语料。其中,既有相关话题的词汇集合——词语积累,也有好句展示——佳句集锦。最后,为了让考生更好地学以致用,每节后的"专项训练"为考生提供了相应的写作练习,并在答案与解析部分附有参考例文。

第一节 用思维导图构思作文

作文考试时间有限,考生看到写作提示时,常常会因为紧张而出现没有头绪、无话可说或思路不畅的情况。要想避免这种情况,可以尝试利用思维导图构思作文的方法。在写作前画一画思维导图,画已知信息,画未知构想,画内容之间的关系,这样文章结构就出来了,灵感和思路也就来了。

"写什么"常常是困扰考生的难题,其实,可以写的东西有这么几个大类:写人,写景,写物,写事,写感受,写想象。写人,可以写名人、身边的人还有自己;写景,可以写自然风景、人文风景,写四季的风景,写城市和乡村的风景;写物,可以写动物、植物,还可以写物品;写事,可以写家里的事、学校发生的事、社会上的事;写感受,可以写高兴、生气、难过、委屈等;写想象,可以写未来,写幻想。具体到写人,一个人的样貌、性格、专长、爱好都是可以写的方面。写事时,有关的时间、地点、人物、事件、环境、感想等都可以展开叙述。

关于"怎么写"的问题,考生可以尝试先从一句话写起,然后逐步在这句话上加一些信息。例如:他买了一本书。这句话能够扩展的信息有很多,考生可以利用思维导图的形式进行梳理。

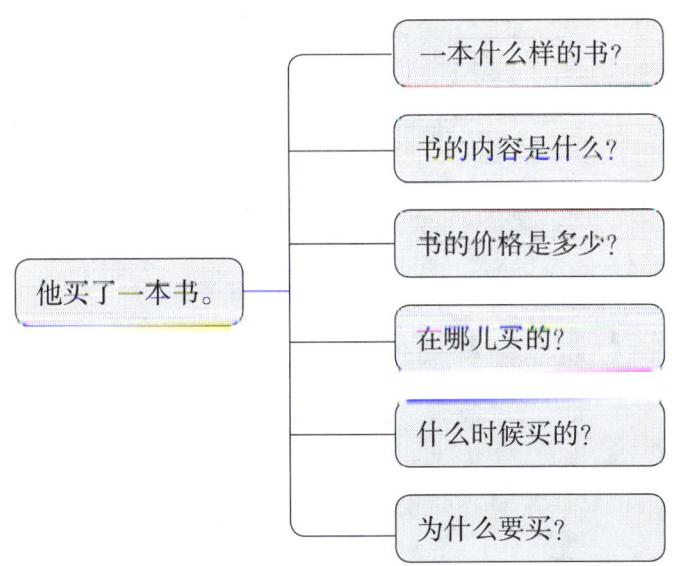

根据上图，有人会写出：他前天去书店给妹妹买了一本新出的漫画书。

其实，写一个句子，甚至是一段话，并没有想象中那么难。一段话通常由一个个句子组成，这些句子是围绕一个表达需要有序组合的。事实上，考生只要确定表达的中心意思，注意给几个句子排好顺序，写出一个好片段就不难了。

例

请围绕"打雪仗"写一段话。

参考思维导图

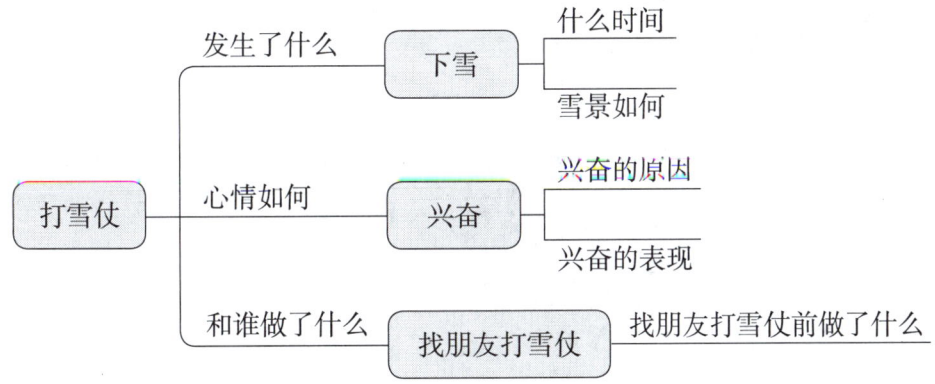

参考例文

		今	天	早	上	一	起	床	，	我	就	看	到	了	窗	外	漫	天	飞	舞	的	雪	花	，
这	雪	花	大	如	鹅	毛	，	从	天	空	散	落	下	来	。	很	快	，	屋	顶	、	地	面	都
变	白	了	，	瞬	间	给	人	们	带	来	了	一	个	纯	净	洁	白	的	世	界	。	我	兴	奋

极了，因为终于可以打雪仗了。渐渐地，雪停了。我赶紧穿好衣服，戴上帽子，拿起早就准备好的手套跑出门。我要去找我的伙伴们，尽情享受这场难得的好雪。

第二节　记叙文写作

记叙文是以写人物的经历和事物发展变化为主要内容的文体形式。常以写人、记事、写景、状物来表现人物的思想性格，表达作者的思想感情。

记叙文写作中有六要素，即时间，地点，人物，事情的起因、经过、结果，这是写记叙文时必备的。MHK（二级）写作中常考的记叙文有写人类记叙文和记事类记叙文。

第一讲　写人类记叙文

方法与策略

写一个人，首先要明确为什么写这个人。或许是要介绍这个人与众不同的相貌特点，或许是介绍这个人的性格品质，或许是介绍一位名人。

我们身边大多是平凡人，但每个人都有自己的个性特点，都有值得别人学习的地方。因此，在写人时就要抓住人物与众不同的地方进行描写，发掘他身上值得我们学习的事例，通过外貌、语言、动作、心理等描写刻画出鲜明的人物形象。

例

请写一篇文章，介绍一下你的小表弟。

参考思维导图

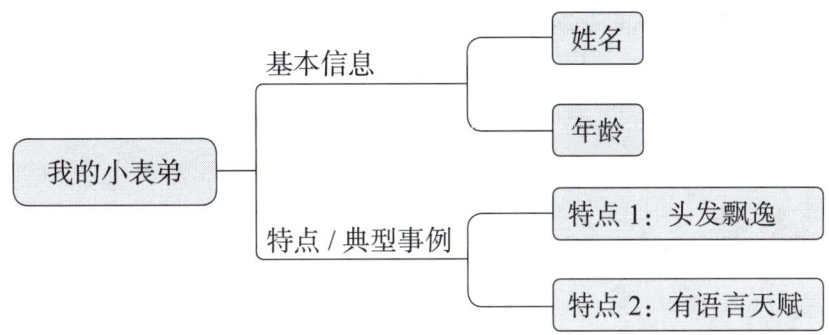

参考例文

> 　　　　　　　　　我的小表弟
> 　　我的小表弟小名叫旺旺，因为他是狗年出生的。他四岁半了，在我的印象里，他有两点与众不同之处。
> 　　一是他有一头飘逸的黑发。走在大街上，他常被人们当成小姑娘。因为他从小就拒绝理发，总是顶着一头随风飘逸的黑发在院子里跑来跑去，街坊邻居都说他的民国学生发型很帅气。
> 　　二是他很有语言天赋。他在很小的时候，就能把大段大段的绘本故事像刻录机一样一字不落地背出来。而且别看他小，他很喜欢思考。有一次他看见花枯萎了，便学会了"枯萎"这个词，当玩儿累了困了时，他就说自己"枯萎"了。前几天他突然冒出一句"最大的夜行动物是星星和月亮"，我们大家都被他的金句惊到了。
> 　　总之，我的这个表弟很不一般，大家真是喜欢得不得了。

　　在参考例文中，作者在介绍了表弟的名字和年龄后，重点介绍了写表弟的两个原因，即表弟的两个特点——发型特点和语言天赋。在描述后者时，举了几个具体事例来支撑自己的观点。结尾处使用感想法，写出了对表弟的喜爱。

　　在写人类记叙文中，常常会用到描写的表达方式。描写，描就是描绘，写是摹写，就是用形象的语言描绘出人物或景物，让人产生身临其境之感。就好像用语言做笔，画一幅画，把事物的形象表现出来。

1. 描写人物

写人可以从外貌、语言、动作、神态等方面来描写。

　　李亮长得很有特点，虽然我们都穿着校服，但在人群中你能一眼认出李亮来。他长着圆圆的脸，圆圆的眼睛，两条眉毛也是两道弧线，走起路来慢慢悠悠。

　　他是我们班的幽默大王。他那两只机灵的眼珠一转，嘴角一扬，我们就知道一个新的笑话马上就要诞生了。"来，来，来，我来给大家猜个谜。"同学们一听，迅速以他为圆心围成一团。只见他故作神秘地低声说："谁能告诉我，为什么我们总是先看见闪电再听到雷声呢？"听到这个问题，有个同学立马答道："老师不是说了吗？光速……"还没说完，李亮就打断了他："不对，不对，往这儿想。"说着指了指自己的眼睛和耳朵。大家陷入了好一阵的沉默，他憋不住了，大声宣布答案："是因为眼睛在耳朵前边啊！哈哈哈！"

2. 描写物体

写物可以从物品的外形、颜色、最有特点的部位、观感、触感等方面来写。

在箱子底儿，我看到了姥姥绣的荷包。它虽然是姥姥年轻时绣的，但现在依然平整光滑，跟新的一样。荷包是用玫红色的布做的，叠起来是四方的，展开是长方的。荷包正面用淡紫色的彩线绣了一串葡萄，三个角有三只彩蝶围绕。蝴蝶绣得栩栩如生，好像是闻到了葡萄的香气才飞了过来。

3. 描写动物

描写动物，可以从动物的外貌、颜色、行为习性（如声音、动作）等方面来写。

那儿有一只大熊猫正专注地吃着竹子，它捧着竹子，吃一口，就低下头嚼一阵，低头时只看得到黑黑的眼圈，完全看不到眼睛了。突然，这只熊猫条件反射似的扔掉了竹子，赶忙转头看向身后。一看到熊猫宝宝还在身后，在地上打滚，它就又放心地转过头来，拿起竹子继续吃。

4. 描写植物

描写植物，可以从植物的花、叶子、果实、枝干来写，具体可以写它们的形状、颜色和味道。

雨后，那满池的荷花更加清新脱俗，散发着淡淡清香。碧绿的荷叶好像一个个浮在水面的盛着珍珠的碟子，微风一来，珠子便随风滚动。荷塘中挺立着的荷花，花瓣是从红色到粉色再到白色渐变的，盛开的荷花像一张张笑脸，尽情地享受着大自然赐予的微风和雨露。那含苞待放的花骨朵儿，好像害羞的孩子，正积蓄着力量迎接自己的绽放。

5. 描写景色

描写景色，可以从景物本身的特征出发，写它的形状、声音、颜色、给人的感受等。

傍晚时分，夕阳好像一个羞红了脸的孩子，悄悄地躲到了山后边。一时间，西边的树林、田野、山村都被笼罩在淡红色的光影里，宁静而又美丽。

知识库

词语积累

外貌　　男：帅气　仪表堂堂　俊朗　黝黑的皮肤　炯炯有神的眼睛　又粗又浓的眉毛　宽大的手掌

　　　　　女：亭亭玉立　皮肤白皙　瀑布般的秀发　瓜子脸　弯弯的细眉　长长的睫毛　含笑的双眸　樱桃小嘴　纤纤玉指

　　　　　老人：微驼的背　头发斑白　深深的皱纹　布满老茧的双手

　　　　　孩子：虎头虎脑　乖巧可爱　机灵　顽皮　捣蛋　忽闪忽闪的大眼睛　噘起的小嘴

动作神态　体态轻盈　步履蹒跚　一溜烟地跑了　夺门而出　促膝长谈　眼睛眯成一条缝　凶巴巴　眼眶湿润　脸唰地红了

性格　　活泼　安静　少言寡语　小心谨慎　大智若愚　乐于助人　和蔼可亲　积极向上　大大咧咧　胆小怕事　斤斤计较　自以为是

佳句集锦

*我在人群中远远就看到了她。她头戴红帽，身穿黑色连衣裙，中等个子，手里拿着一本杂志。

*他温和可亲，看见谁都笑眯眯的，院子里的孩子都很喜欢他，亲切地叫他"哈哈叔叔"。

*李老师的一番话让我对她肃然起敬。原来，我们每个人都可以在平凡中做出不平凡的事。

*雅娟是我小学时的朋友，她身材瘦瘦小小的，扎着一条马尾辫，总是爱穿有蕾丝花边的裙子。她总是悄无声息的，在人群里，你甚至很难注意到她。

*园园是我的发小儿。再见她时，她还是少年时的圆脸，只是身材稍微有些发福。她说话办事依旧是那么风风火火，干脆利落。

*爷爷曾是学校的风云人物。听说他年轻时唱歌、跳舞、拉二胡、指挥样样精通。现在我还能从大人们口中感受到爷爷当年的风采。

*这个小姑娘性格倔强，胖嘟嘟的脸上闪着一双机灵的大眼睛，红红的樱桃小嘴经常哼着小曲儿，哼到兴奋处还会手舞足蹈，可爱极了。

*王奶奶一头银色卷发，鼻梁上的金边眼镜后透出慈爱的目光。她虽然已经八十了，但不服老，走起路来腰板很直，脚步也算轻盈。

*看到前边一位老大爷步履蹒跚地过马路，他快步走过去搀扶。他们一老一小伴随着老大爷的拐杖敲击地面的声音一步一步走到了街对面。

*他是一个谨慎的人，仿佛时时刻刻都紧绷着神经，虽然话不多，却给人一种压迫感。而他妹妹是一个热情开朗、积极乐观的人，好像从来没有烦心事。

专项训练

1. 班里要组织"我来当星探"活动，要求大家从身边的朋友中发掘一位明星，他可以有骄人的成绩，可以有强健的体魄，可以有助人为乐的爱心……请以《我身边的明星》为题，写一篇不少于300字的文章。

（1）请画出思维导图。

（2）请根据思维导图的内容完成写作。

2. 人们常说，父母是孩子的第一任老师，他们对孩子不仅有养育之恩，还以自己的言行潜移默化地影响着孩子。你从父母身上学到了哪些对你有帮助的东西？请结合自己的生活实际，写一篇不少于300字的文章，题目自拟。

（1）请画出思维导图。

（2）请根据思维导图的内容完成写作。

◀ 100字
◀ 200字
◀ 300字
◀ 400字
◀ 500字
◀ 600字

第二讲　记事类记叙文

方法与策略

我们身边每天都会发生很多事。有的让人捧腹大笑，有的让人伤心落泪，有的让人充满力量，也有的看起来平淡无奇。但如果仔细回味，还能从中获得一些人生哲理。在我们成长的路上，将一些有意义的事记录下来，是非常值得做的。

要完整地记录事件，需要写清楚时间，地点，人物，事情的起因、经过和结果。先想好一件值得记录的事，然后写出这件事具体的经过。事情的经过需要围绕一条线索进行叙述，一般是以时间为线索，即按照事情的进展写；也可以以感情变化为线索，即写出亲身所感，就是叶圣陶说的"我手写我口，我手写我心"。重点要突出，详略要得当。

参考例文1

　　周一的时候，班主任通知我们学校的运动会开始报名了。听到这个消息，班里的长跑健将李强邀请我和朋友一起报名参加400米接力赛。我的两个好朋友当时很痛快地答应了，只有我犹豫不决，生怕给他们拖后腿。

　　第二天一到学校，李强又来问我，在他的劝说下，我同意了。于是我们四个开始了每天训练的日子。第一次训练，我就不小心把接力棒掉了。接下来几周的训练，我总是找不到状态。我常常有退出的想法，但在朋友们的鼓励下，我还是坚持了下来。

　　直到比赛前两周，当我得知对手班加入了实力很强的队员时，我又犹豫了，怕自己爆发力不够，影响成绩。那天训练时我说了我的想法，没想到平时很温和的王宁立马冲我喊道："你怎么这么不相信自己？我们都认为你有潜力。你有犹豫的时间，还不如多跑几圈训练呢！"我一下子就被点醒了，那天跑得格外卖力，状态也很好。从那天起，我只专心练习，不再有其他想法了。

　　比赛那天，我在心里时刻提醒自己：千万不能掉接力棒，要拼尽全力。最终，我们赢得了那场比赛。那次比赛让我悟出了一个道理：相信自己，并专注于所做的事情，努力坚持，避免失误，才能迈向成功。

参考例文1记录了"我"参加运动会接力赛的一次经历，是按照"周一——第二天——接下来几周——比赛前两周——比赛那天"这样的时间线索来展开叙述的。文章安排详略得当，重点描写了比赛前"我"状态的变化，最后总结了"我"通过比赛悟出的道理，升华了主题。

参考例文2

　　去年暑假，结束了一学期的紧张忙碌后，我匆匆跳上了开往草原的车。想想自己已经很久没回老家了，我虽然喜欢大城市丰富多彩的学习生活，但心中始终记挂着那一片纯净的牧场。

　　车轮还在高速公路上飞快地转动着，我的心早已驰骋在了草原的一方。我印象中的草原正如歌中所唱"蓝天白云青山，风吹草低牛羊见"。

　　随着目的地的临近，令我没想到的是，我已找不到儿时记忆中的牧场了。这是那一碧千里、嫩草飘香的草原吗？看着烈日强光下晒成了枯草色的大山，我不禁心生埋怨。这哪里是青山如黛？简直快成了寸草荒山。车还继续开着，驶过一座座大山。突然，我们的头顶上积聚了一片阴云，不一会儿下起了小雨。我兴趣索然地坐在车里，刚上车时的喜悦都不见了。可就在我转头望向车窗外的时候，我看到了绿草青山！大山用她的沉默向我展示了她的低调和内敛。山还是一样的山，草还是一样的草，是日光的照射让她们隐去了太多的颜色。

我不禁有些惭愧。离开得久了，我忘记了自己家乡的草原是草甸草原，虽不是绿草油油的丰茂，却是有利于牛羊生长的。人在细小的情绪中，其实能够看到自己的心态，从心生埋怨到惭愧，我的浮躁之气也被洗去了。

参考例文2中，作者写了令自己难忘的草原行。文章以感情变化为主要线索来叙述，从上车后的期盼，到看见真实草原后的失落、埋怨，再到阵雨中看到青山的惊喜，再到惭愧，作者的情感经历了一系列的起伏变化。

在叙述一件事情时，可以选择顺叙，就是按照人物的经历或事情发展过程的先后顺序来写；也可以选择倒叙，就是先写事情的结局或先呈现最主要的部分，然后再慢慢按照事情的发展顺序从头展开回忆叙述；或者用插叙的方法来丰富表达层次，即按照一条主线索写，叙述一个中心事件，但为了说明情节或人物，在其中插入一些回忆或故事，然后再回归主线索。

如果参考例文2采用倒叙的手法，可以这样写：

　　暑假的草原之行结束了，我发现家乡的草原总有一种神奇的力量，每每回想起"蓝天白云青山，风吹草低牛羊见"的美好景象，总能带给我沉静与安和，让我以饱满的热情再次投入到大城市繁忙的学习生活中。
　　记得那天我刚结束一学期的课程，就匆匆跳上了回草原的车。车行驶在路上，望着窗外烈日强光下晒成了枯草色的大山，我不禁心生埋怨，心想这哪里是青山如黛，简直快成了寸草荒山。正在我的喜悦逐渐消失时，突然下了一场小雨。小雨过后，车窗外出现了绿草青山！大山用沉默向我展示了她的低调和内敛。山还是一样的山，草还是一样的草，是日光的照射让她们隐去了太多的颜色。
　　我不禁有些惭愧。离开得久了，我忘记了自己家乡的草原是草甸草原，虽不是绿草油油的丰茂，却是有利于牛羊生长的。人在细小的情绪中，其实能够看到自己的心态，从心生埋怨到惭愧，我的浮躁之气也被洗去了。

同样，参考例文2也可以改用插叙的手法，从现在的生活谈起，为了说明一个情况插入对草原行的回忆。

　　最近，我发现自己做事情总是急于求成，没做成就爱抱怨。自己给自己诊断了一下，这个"病情"可以用一个词概括，就是"浮躁"。看着堆在桌子上厚厚的书本，我恨不得有一只神笔，可以马上把所有的愿望都实现。

　　让我更清楚地感受到自己的浮躁之气的，是暑假回草原的一次经历。记得那天我坐的车刚驶入草原时，我因为没看见自己期待的丰茂草场而倍感失落。看着枯草色的大山，我还一度心生埋怨，心想这哪里是青山如黛，简直快成了寸草荒山。可没想到的是突如其来的一场小雨让大山显露出了她本来的颜色，原来，烈日强光的照射让我错以为青山不再。

　　大城市的学习生活虽然丰富多彩，但也时常让人浮躁。还好自己意识到了这个问题。我放下手中的笔，突然感到有些饥饿，不禁又回想起了草原行的各种美食。可惜现在是吃不到了，我只好悻悻地走向食堂。

知识库

词语积累

时间　春：冰雪融化　春风拂面　柳树抽出绿芽　万里晴空　艳阳高照

　　　夏：池塘边的知了　盛开的荷花　烈日当头　闷热

　　　秋：满地黄叶　天高云淡　秋高气爽　金色的麦田

　　　冬：凛冽的北风　白雪皑皑　呵气成冰　白茫茫一片

　　　早：天色微亮的黎明　寂静一片　公鸡喔喔叫了起来

　　　中：烈日当头　正午暖阳

　　　晚：牛羊归圈　日落西山

天气　雨：瓢泼大雨　大雨倾盆　淅淅沥沥的小雨　雷声隆隆　雷声大作　雷雨交加
　　　　　冰冷的雨水打湿了衣裳
　　　　雪：鹅毛大雪　雪花漫天飞舞　脚踩在雪地里咯吱咯吱地响　没膝大雪
　　　　风：北风呼啸　微风拂面

佳句集锦

* 赛场上，队员们挥汗如雨，奋力拼搏，赛场外，观众们摇旗呐喊，激情满满。观众们仿佛不再是观战者，也和队员们融为一体了。
* 在老师的不断鼓励下，他克服了一个个困难，终于在学期末拿到了班级前十的好成绩。
* 每当国歌声响起，我的脑海中都会闪现出高高的天安门城楼，闪现出五星红旗迎风飘扬的样子，闪现出中国制造的高铁快速穿行在祖国大江南北的画面。
* 我刚一进屋，只听身后"咣当"一声，吓了我一跳。我以为是什么东西摔碎了，原来是风把门一下子带上了。
* 同学们上车坐好后，班长提议将大家分成男生和女生两队，进行赛歌。"好主意！"同学们积极响应。不一会儿，车上响起了欢快的歌声。就这样，载满欢声笑语的校车向着野炊地出发了。
* 为了打扫得更加彻底、更加干净，李青想把讲台底下也扫一扫。可讲台太沉了，他和同学费了九牛二虎之力才移开了一个角。
* 公交车停了，上来一位白发斑斑、拄着拐杖的老奶奶。坐在前边的人或是低头玩儿手机，或是闭眼睡觉，没一个起身让座的。"您坐这儿吧！"正当老人颤颤巍巍地寻找座位时，一个红领巾少年站了起来，边说着边去搀扶老人。
* 说起我印象最深的旅行，就要数北京之行了。金秋十月，我来到了首都北京，第一次登上了天安门城楼，第一次参观了故宫。望着历史久远的红墙，欣赏着展柜里的奇珍异宝，我感受到了中华民族悠久的历史以及灿烂的文化。

专项训练

1. 马上就要毕业了，同学们都在制作毕业纪念册，记录几年的学习生活。请在你的毕业纪念册上记下最难忘的一件事。全文不少于300字。

（1）请画出思维导图。

（2）请根据思维导图的内容完成写作。

2. 每个家庭都在发生着大大小小的故事，有的让人开心，有的让人烦恼，有的让人感动，有的让人后悔……请你讲一讲在你家发生的故事，写一篇不少于300字的文章。

（1）请画出思维导图。

（2）请根据思维导图的内容完成写作。

◀ 100字
◀ 200字
◀ 300字
◀ 400字
◀ 500字
◀ 600字

第三节　说明文和议论文写作

说明文以说明为主要的表达方式，是说明事物的情况或道理的文章。议论文是一种提出主张，论述事理的文体。议论文通常观点明确，论据充分，论证合理，有严密的逻辑性。

MHK（二级）大纲对说明文和议论文两种文体未做具体要求，但两种文体运用的主要表达方式在记叙文等其他文体中也常被当作辅助表达手段。

方法与策略

说明文

说明文中，说明的对象可以是具体的物体，如建筑、花草、器物等，也可以是抽象的道理，如说明一种情况，解释一种观点或思想，解说一种技术、生产流程等。

在说明时，要真实地说明事物的特点，抓住重点或者分出层次来说明。说明的语言要准确简洁、通俗易懂；介绍的内容要正确、科学、客观；文章的条理要清晰，可以按照时间顺序、空间顺序、逻辑顺序对说明对象进行说明。

为了让读者更清楚地了解作者表达的意思，说明文中常常会运用一些说明方法。常见的说明方法有举例子、列数字、打比方、引用说明、做比较、分类别、摹状貌、下定义、列图表等。

例 1

如果让你介绍中国的茶，你会从哪些方面去介绍呢？请写一篇不少于 300 字的说明文。

参考思维导图

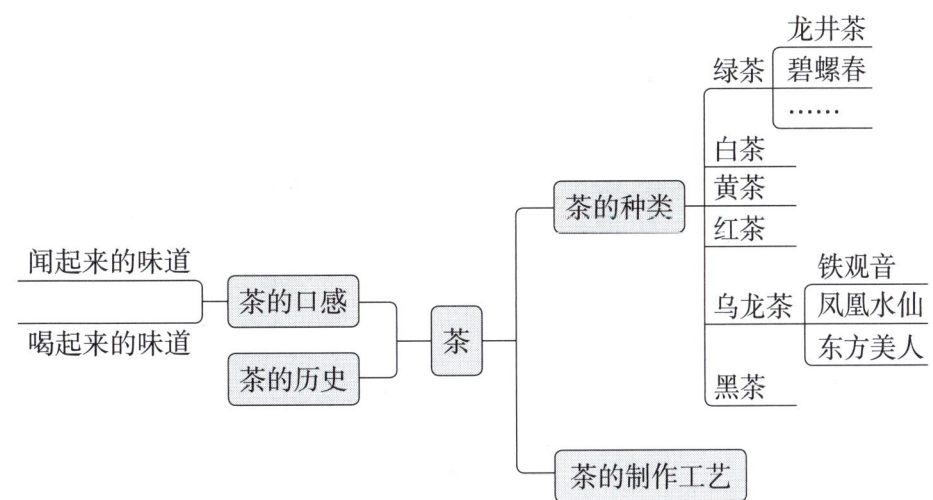

参考例文

　　　　　　　　　　　　　　茶

　　中国的茶主要有绿茶、白茶、黄茶、红茶、乌龙茶和黑茶六大类。大多数人熟知的是绿茶、红茶和乌龙茶。

　　绿茶属不发酵茶，是用茶树的新叶或芽，经杀青、揉捻、干燥等工序制作而成，较多地保留了鲜叶内的天然物质，营养成分丰富。有名的绿茶有西湖龙井、黄山毛峰、信阳毛尖、碧螺春等。

　　红茶与绿茶的区别，在于加工方法不同。红茶加工时不经杀青，而是先使鲜叶失去一部分水分，再揉捻，然后发酵。有名的红茶有日照红茶、祁红、滇红等。

　　乌龙茶是介于绿茶和红茶之间的一类茶。它是经过半发酵或全发酵制成的，回味甘鲜。乌龙茶创制于1725年前后，据福建《安溪县志》记载，安溪人于清雍正三年首先发明乌龙茶做法，以后传入闽北和台湾。乌龙茶的主要品种有安溪铁观音、凤凰水仙、东方美人等。

议论文

议论文一般由论点、论据、论证三个要素构成，即提出的观点、给出的证据、分析的过程。论据和论证都是为了说明论点的，要与论点相统一；论据要注意真实可靠、有代表性、材料充足，可以选择历史事实、可信的调查数据、权威人士的言论、熟语格言等；论证就是把论点和论据合理地组织起来，使论点更有说服力。

在论述自己的观点时，可以使用并列法、层进法、对照法。现举例如下：

1. 并列法

怎样建立良好的人际关系呢？我认为宽容大度是十分重要的。那么怎样做到宽容呢？

首先，要尊重别人。尊重别人，也会得到别人的尊重。其次，要互相关心，互相爱护。第三，要互相谅解。我们要多从对方角度考虑，相互理解，不要计较太多。

2. 层进法

留守儿童需要社会更多的关爱。

首先，让留守儿童感受到关爱，可以弥补一些家庭缺失的温暖。其次，关爱留守儿童，可以让他们健康地成长，利于社会的繁荣和稳定。最后，关爱留守儿童，关爱弱势群体，是社会文明程度的体现。

3. 对照法

学会跟别人分享，生活会更美好，更幸福。

跟别人分享，一个幸福会变成两个幸福。香港著名影星周润发拥有很多财富，可是他平时还是买便宜的衣服，坐公交车去市场买菜，他把自己90%的财产捐出去，就是想让更多人受益。更多人的幸福才是他认为的幸福。

不喜欢分享的人快乐吗？就拿《欧也妮·葛朗台》中的葛朗台来说，他一生只爱金钱，甚至不愿跟妻子和女儿分享，最后独自带着对金钱的不舍死去。葛朗台的一生只有痛苦，没有快乐。

从以上示例中可以看出，要想让自己的观点有说服力，就要给出支撑自己论点的分论点。从结构上来看，各个分论点之间的逻辑关系可以是并列的、层层递进的，也可以是从正反两面对照着说的。同时注意用典型、生动的事例来证明自己的观点。

例2

"青少年是国家的未来和希望"，请就此观点展开论述，写一篇不少于300字的议论文。

参考思维导图

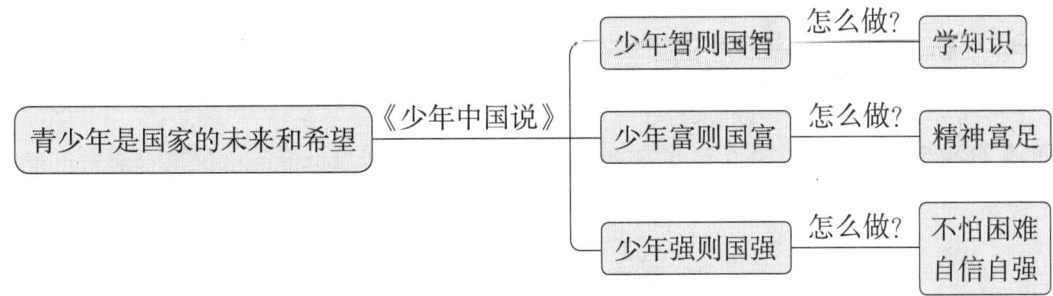

参考例文

					青	少	年	是	国	家	的	未	来	和	希	望			
	青	少	年	是	国	家	的	未	来	和	希	望	，	梁	启	超	先	生	曾	在	《	少	年
中	国	说	》	中	提	到	"	少	年	智	则	国	智	，	少	年	富	则	国	富	，	少	年	强

则国强"。在中央广播电视总台热播的大型公益节目——《开学第一课》中，梁先生的《少年中国说》还被编曲演唱，激励了不少中国青少年立志报效祖国。

那么，我们应该怎么做呢？为使祖国更加繁荣富强，青少年应当努力做到以下几点：第一，不断学习科学文化知识，锻炼思维能力，为将来建设祖国储备知识。第二，使自己在精神上达到"富足"，传承祖国优秀的传统文化，加强思想道德建设，增强报效国家的决心。第三，做一名有担当、不怕困难、自信自强的青少年。在2020年抗击新冠疫情的战斗中，日夜奋战在第一线的医护人员当中就有很多90后，他们身上真正体现了青少年的担当。

知识库

佳句集锦

*蚂蚁是杂食类动物。蚂蚁的种类有很多，全世界约有15000种，我国已知的种类就有300种以上。蚂蚁的身躯分为头、胸、腹三个部分，体色多为褐、黑、棕和橘红色。一昆虫学家研究发现，一只蚂蚁能搬动相当于自身体重400倍的东西，拖动相当于自身体重1700倍的物体。

*快乐是可以传染的。如果你身边的家人、朋友很快乐，你也会感到快乐。有一位哲人说过，"两个人分享一个幸福，会有两个幸福"。

*能真诚地赞美别人是一个人的美德。一方面，每个人都希望被肯定。给别人赞美，会带给他们鼓励，让他们更自信。另一方面，赞美者也会因为真心欣赏到别人的优点而心情愉悦，所谓"赠人玫瑰，手有余香"就是这个道理。

*"愚公移山"的故事中，虽然愚公坚持不懈的精神令人感动，但我看到了愚公"愚"的一面：第一，人的力量总是有限的，愚公选择用人力去对抗自然，而没有想到更灵活的解决办法；第二，因为他的坚持，愚公一家人甚至子孙后代都要去做一件希望渺茫的事情，因此他剥夺了他人生活的乐趣。

*有人认为逆境对一个人有积极作用，觉得逆境可以让人成长。但是我们也需要看到，不是每个处于逆境中的人都能顺利地走出来。其实，相比逆境本身，一个拥有坚强斗志的人，才是走出逆境、获得成功的关键。

*提到网络，家长们不禁会皱起眉头，生怕孩子接触网络会养成一些坏习惯，很多家长对网络带来的好处视而不见。网络上丰富的资源能开阔孩子的眼界，增加孩子的知识储备；接触网络会使孩子学到信息时代的新知识，激发孩子的创新力；通过网络，孩子之间沟通交流的机会也会增多。

修辞手法

为了增强表达效果，我们可以在写作过程中对所使用的语言进行修饰、加工、润色，这就需要使用一些修辞手法。常见的修辞手法有比喻、排比、拟人、对比、夸张、反问、设问、引用等。

比喻：月光照在水面上，阵阵微风吹来，水面就像银色的绸缎一样，轻柔地抖动着。（将"水面"比作"绸缎"。）

排比：我热爱每一个季节。我爱春的生机，我爱夏的热烈，我爱秋的收获，我爱冬的纯洁。（"我爱……"四个句子结构一致，意思密切相关，构成排比。）

拟人：疲惫好像长开的藤蔓一样，爬满了他的双脸。（将"疲惫"赋予生命，"爬满了双脸"。）

对比：冬雪给大地裹上一层银装，花草都凋零了，藏在土里，树木好像也失去了活力。可这时的红梅，正尽情地绽放，吐露着冬天唯一的芬芳。（对比冬天里凋零的花草和盛开的红梅两种景象。）

夸张：那个大汉喝醉了，走路摇摇晃晃，到了街角要拐弯，只听到"轰隆"一声，他就像大山一样倒下了。（把大汉倒下夸大形容为大山倒下。）

反问：他难道没看到刚上车的那位老人吗？他难道不知道尊老爱幼是一种美德吗？（用反问句表达肯定的意思。）

设问：什么是成功？也许有的人觉得有很多钱、有大房子就是成功，而我认为有一个健康的身体、有一个安身的地方、有几个好朋友才是成功。（设问是为了强调某一内容，有意先提问，后回答。这段话中作者已经有了对成功的定义，但是明知故问。）

引用："天边有一对双星，那是我梦中的眼睛……"每次听到这首歌，思绪便会把我带到辽阔的草原。（引用了《天边》这首歌的歌词。）

"小荷才露尖尖角，早有蜻蜓立上头"说的就是现在初夏的荷塘。（引用了南宋诗人杨万里《小池》中的诗句。）

专项训练

1. 请写一篇文章介绍一下你家乡具有代表性的美食或者风俗习惯，全文不少于300字，题目自拟。

（1）请画出思维导图。

（2）请根据思维导图的内容完成写作。

2. 很多人一听到"学习"二字,就会联想到学生,大多数人觉得只有学生才需要学习。对此,你的看法是什么呢?请写一篇不少于300字的议论文,题目自拟。

(1)请画出思维导图。

（2）请根据思维导图的内容完成写作。

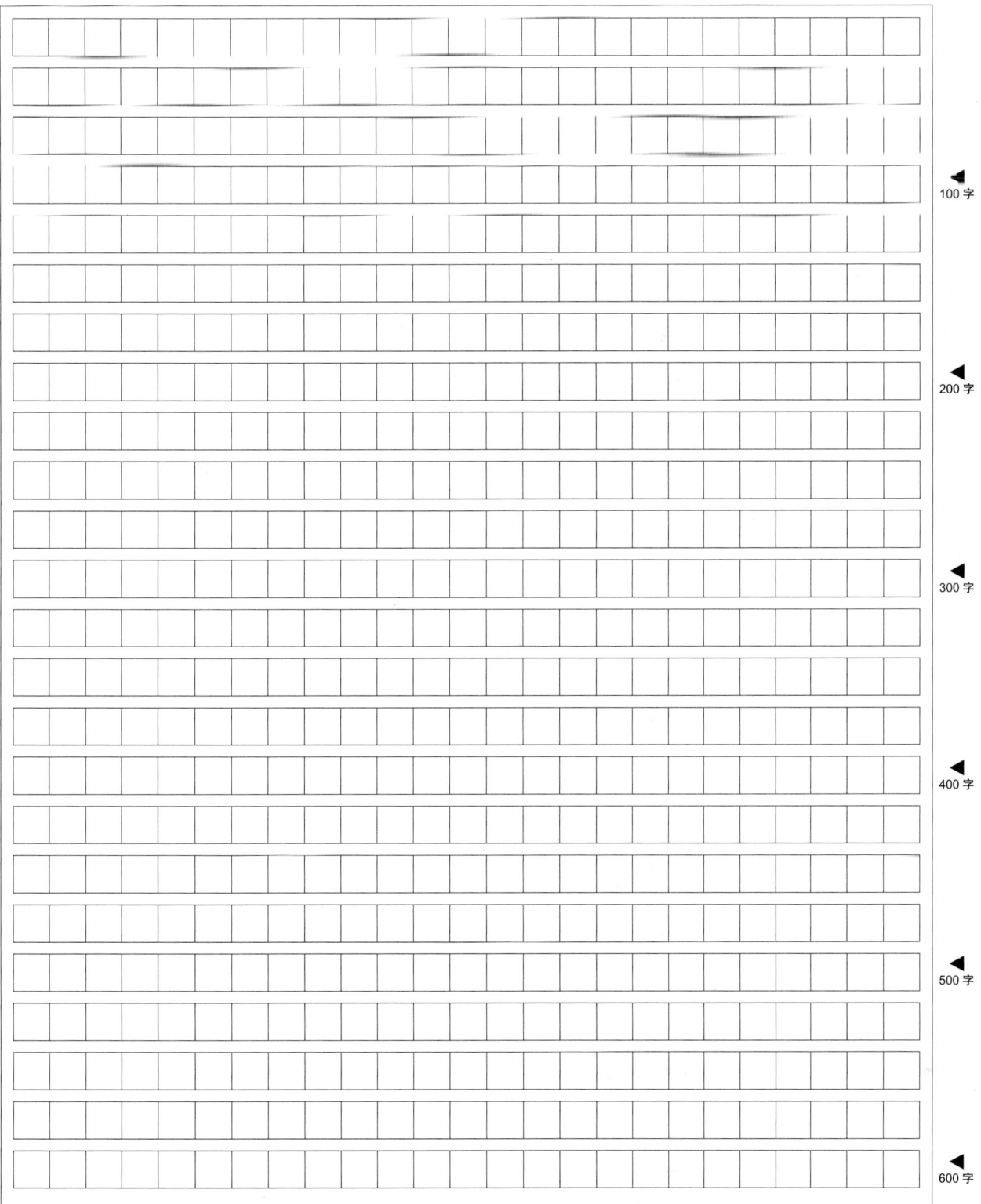

第四节　读书笔记和读（观）后感

读书笔记，是在阅读书籍或文章时，把读到的精彩部分、遇到的好词好句或者自己的心得体会随时记下来的一种文体。写读书笔记有助于我们理解所读内容，积累学习资料，提高写作能力。

读书笔记，有摘抄、提纲、评论批注和心得几种形式。摘抄一般是摘抄优美的词语和句子，要注意注明出处，包括书名或文章题目、作者、出版单位和日期、页码等；提纲是将书或文章的主要内容记住，根据原文的章节、段落层次，用提纲的方式记下来；评论批注是在摘抄后，针对文中的人物、事件加以评论，把自己的看法或感情写出来；心得即读后感，是读了一本书、一篇文章、一段话或者一句名言后，把自己由此引发的感想、得到的启示、产生的见解等写出来。

方法与策略

记读书笔记，可以把感兴趣的内容摘抄到笔记本、活页本、卡片或书签上，也可以做剪报，重要的文章可以全文复印；在摘抄或复印的内容上可以加上评论、注释，有的内容可以做成思维导图。

写读后感要注意叙、议、联的结合。"叙"要注意切入点的选择，选取带给你启示的内容，在引用所读材料时，要简明扼要，重点突出；"议"是选择自己最有感触的部分，表明自己的观点看法；"联"就是要联系实际，谈身边的事或古今中外的事，摆事实讲道理，用真情实感支撑自己"议"的论点。从另一个角度说，"叙""议""联"三部分是紧密关联、前后呼应的。"叙"的事情是"议"的对象，也是"联"的内容。

读后感的标题一般是《……读后感》《读……有感》，或者将自己读后的感想或疑问凝缩成一个句子作为标题，如《孝敬之我见》《成功真的只是靠天分吗？》等。

读后感的写作可以概括为以下几步：

1. 认真阅读原文，充分理解文章的中心思想。

2. 简单介绍书或文章的主要内容。

3. 选取感触最深的一点展开来写。可以选取一个人物、一个情节、一个引起你共鸣的语句。展开的内容可以是从阅读中得出的道理，也可以是受到的启发、激发的理想，或者是反面材料引起的对丑恶现象的抨击。

4. 有叙述，有体会。在写自己的观点与感想体会的同时，要把它们的来源写清楚，这也是读后感不同于议论文的一点。此外还要注意，此处关于来源的叙述不必像写记叙文一样详细，只需简单概括，或是引用原文语句即可。

5. 密切联系实际。可以联系社会现实情况，联系自己的家庭生活、自己的学习情况等。

例1

选一本你读过的印象最深刻的书，写一篇不少于300字的读后感。

参考思维导图

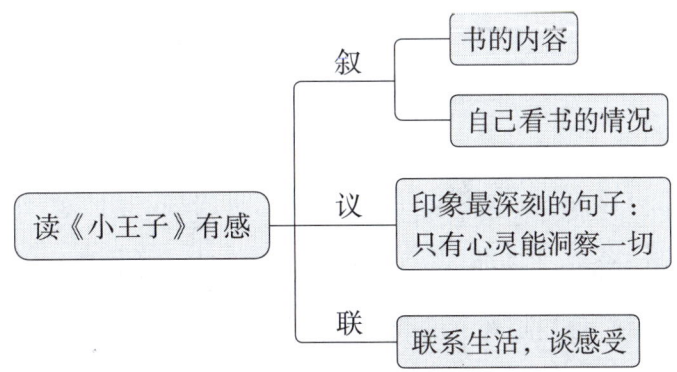

参考例文

　　　　　　心灵才是真正的眼睛
　　　　　　　——读《小王子》有感
　　《小王子》这部经典童话用简单的语言讲述了小王子去六个星球，遇到了国王、商人、地理学家、蛇、狐狸，见到玫瑰花园的历险故事。第一次读，我被来自外星的小王子的奇遇故事所吸引；第二次读，我理解了为什么书中的飞行员与小王子有那么深厚的友谊；而这一次，我最感兴趣的是小王子与他的玫瑰花的故事。
　　"星星是很美的，因为有一朵人们看不到的花"，小王子想念着他的玫瑰花。当小王子在地球上看到玫瑰园时，他发现竟然有五千株和自己星球上的玫瑰一样的花。小王子十分吃惊，也十分伤心，因为他的玫瑰曾经对他说自己是宇宙中独一无二的花。他不敢相信眼睛看到的一切。后来，在狐狸的引导下，小王子恢复了内心的平静。"只有心灵能洞察一切,肉眼是看不到事物的本质的",他确定他的玫瑰是独一无二的,他对五千株玫瑰说:"她单独一朵就比你们全体更重要,因为她是我浇灌的,因为她是我放在花罩中的,因为她是我用屏风保护起来的,因为她身上的毛虫是我除灭的。"

　　是啊,我们眼中看到的世界是那么地丰富多彩,可我们真正拥有的、真正记住的是用心灵的眼睛感受到的东西。在这寂静的深夜,正是心灵最平静的时候,正是我们可以没有烦扰,可以静心思考的时候。当我们抱怨、犹豫、没有目标的时候,我们也可以像小王子一样,静下心来,用爱、真诚和责任去排除心中的干扰,让内心充满力量。

同读后感类似,观看完影片、纪录片等影像资料,也可以写观后感。观后感的结构同读后感大致相同,先简单介绍所观看的内容,然后联系实际谈自己的感受。

例2

你看过的印象最深的一部影片是什么?看完后你有何感想?请写一篇不少于300字的观后感。

参考思维导图

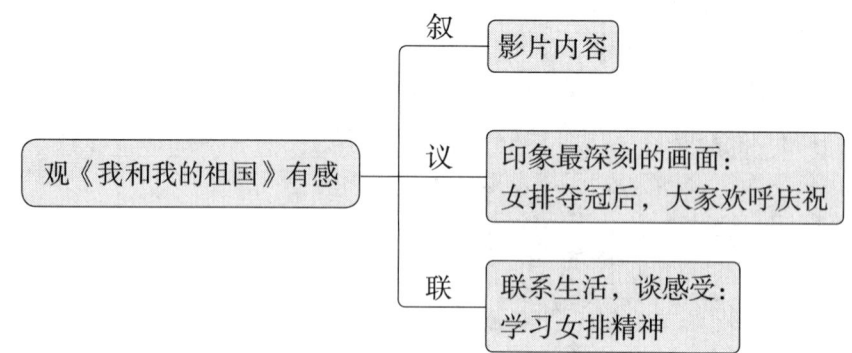

参考例文

观《我和我的祖国》有感

周末，我们一家人观看了热映影片《我和我的祖国》。影片分几个单元故事展开，其中《夺冠》这个小故事深深地打动了我。

故事的主角是上海弄堂里的一个男孩儿冬冬，因为弄堂里只有他家有电视，街坊们就让他搬出来大家一起看中国女排比赛。为了让大家看上比赛直播，他忙来忙去一直修电视天线。比赛马上就要一球定胜负了，冬冬手扶着天线，信号很不稳定，一边是邻居们渴望看比赛直播的神情，一边是马上就要到异国他乡读书的好友走远的身影，他焦急万分。这一画面也让观众的内心跟着起伏不断。最终，冬冬小小的内心似乎懂得一种大大的家国情怀，他选择了继续扶住天线。在看到女排夺冠的那一刻，邻居们欢呼沸腾，冬冬被激动的大人们抬起来，拥着出了门，自豪的欢呼声响彻了整个弄堂。

也就是在那一刻，爱国之心将大家和小家，将我们每一个人紧紧地连接在一起。电影里是1984年女排三连冠，电影外是女排在2019年女排世界杯上夺冠，这是中国女排的第十个世界冠军。这么多年，女排的光荣一直都在，带给中国人一次次的感动与激励。中国女排身上顽强战斗、勇敢拼搏的精神，是平时刻苦训练、追求卓越的体现。我们要向女排姑娘们学习，为实现更高的目标而拼尽全力，在为自己赢得荣誉的同时，为国家贡献一份力量。

知识库

词语积累

收获： 受到启发　得到启示　收获满满　懂得了道理

奋斗： 顽强的毅力　勇敢拼搏　追求卓越　坚定的意志

贡献： 无私奉献　做出贡献　感人事迹　献出爱心　以他为榜样　舍己为人

心情感受：爱不释手　热血沸腾　心潮起伏　备受鼓舞　感慨万分　百感交集　怀着崇敬的心情　心情久久不能平静　沉重的心情　一股暖流涌上心头

名言： 有志者事竟成　一寸光阴一寸金　知识改变命运　穷则变，变则通
　　　 一生之计在于勤　人固有一死，或重于泰山，或轻于鸿毛

佳句集锦

*这篇文章给我的启示是，坚持是成功的关键。有一句话说得好，人贵有学，学贵有恒。如果一个人没有恒心，不懂坚持，就很难实现自己的目标。文中的主人公就是在别人都放弃了的情况下还坚持不改初心，最终取得了成功。

*这个故事告诉我们两个道理：一是做事情要适可而止，有时做过头，反而会得到与预期相反的结果；二是发现错误以后要及时纠正，改正错误什么时候都不算晚。

*想想当时的情况，再看看现在的自己，更能体会到生长在新时代的我们是多么幸福，有一个强大的祖国是多么骄傲。正如文中所说，少年强则国强。我们应该奋发向上，不辜负祖国的期望。

*这本小说记叙了一个为梦想而奋斗、拼搏的年轻人短暂而壮丽的青春。每每想到他在与病魔的斗争中仍坚持工作的画面时，我的心中就充满了崇敬之情和奋发前行的勇气。

*看了这部纪录片，我深受教育，也被深深地感动着。纪录片讲述了一位教师赴山区支教的故事。我想，他的故事应该让更多的人知道。他身上吃苦耐劳的精神让我敬佩，他敬业奉献的精神让我感动。他不仅教给孩子们知识与技能，还为孩子们带来一些平时接触不到的东西，让他们知道未来无限广大。

*当我读到"生命每个人只有一次。人的一生应当这样度过：当他回首往事的时候，不会因为碌碌无为、虚度年华而悔恨……"时，我的眼前仿佛出现了这样的画面：解放军战士在洪水中筑起一道人墙，用他们坚强的臂膀担起了保护人民的重任。

专项训练

1. 阅读下面的一段话，写一篇不少于 300 字的读后感。

2012 年央视《感动中国》节目的颁奖现场出现了感人一幕，30 名学生推着一辆三轮车走上舞台。十几年来，这辆三轮车的主人蹬着它，走过了天津的大街小巷，将所有收入都捐给了贫困失学儿童。如今，三轮车的主人虽已不在，但他的精神一直都在。他就是白方礼，一位从 74 岁开始捐资助学的高龄老人。十几年来，他通过蹬三轮车攒下 35 万元，帮助失学儿童重返校园，先后共有 300 多名儿童受到了资助。2001 年，白方礼捐出了最后一笔钱。年近 90 岁的他已无力再蹬三轮车，他来到天津耀华中学，递上饭盒里的 500 元说："我干不动了，以后可能不能再捐了，这是我最后一笔钱。"2005 年 9 月 23 日，92 岁的白方礼安详离世。

（1）请画出思维导图。

（2）请根据思维导图的内容完成写作。

2. 阅读下面的一段话，写一篇不少于300字的读后感。

雒梦妍背赵南茜上学已经有八年了。赵南茜从幼儿园起，就患有肌无力的病症，双腿行走不便。雒梦妍作为赵南茜从幼儿园就相识的好朋友，开始时每天扶着她去上幼儿园，后来她们一起升入小学后，南茜几乎不能行走，雒梦妍就每天背赵南茜上学，从未有一天迟到，从未耽误过一节课，一坚持就是八年。"我是她的腿，她是我的姐妹。""绝不让她耽误一节课！"这是雒梦妍的承诺。

（1）请画出思维导图。

（2）请根据思维导图的内容完成写作。

第五节　书信类写作

书信从交际角度可以分为一般书信和专用书信。一般书信是指写给特定对象，如家人、朋友、老师、同学等人的信件，内容多为表达问候、介绍信息、交流思想、传递感情。常见的专用书信主要有感谢信、表扬信、申请书、倡议书等。

感谢信是向帮助过自己的集体或个人表示感谢的书信，表扬信是对被表扬者的优秀品行表达颂扬之情的专用书信，申请书是向组织、机关、企事业单位或社会团体表述愿望、提出请求时使用的专用书信，倡议书是为了发起某项活动而写的号召性的公开书信。

第一讲　一般书信

方法与策略

作为应用文，书信有特定的书写格式，一般包括称呼语、问候语、正文、祝福语、署名和日期。

称呼语放在第一行，要顶格写，后面写冒号。称呼语前边可加修饰词，如"尊敬的""敬爱的""亲爱的"等。

问候语另起一行，前边空两格。如果是写给老师，问候语可以是："您好！新学期又开始了，最近忙吧？"

正文另起一行，前边空两格。问候完对方，一般谈自己的情况或交代写信缘由。如果随信附有其他材料，如照片、表单等，可以说"随信附上……"；在写电子邮件时，如果有附件，则可以简单介绍附件里的内容，说"附件里是……"。

祝福语在正文结束以后另起一行，表示对对方的祝福。可以空两格写，也可以顶格写。比较正式的如"此致""敬礼"。"此致"可以在正文之后的同一行，不加标点，也可以在正文下边另起一行，空两格写。"敬礼"要写在"此致"的下一行，顶格写，加感叹号。

署名和日期。写信人的署名写在右下角，前边可以加定语，如"您的学生""你的好友"等。日期在名字的下边。

一封书信正确的行文格式请参考下文。

尊敬的李老师：

　　您好！新学期又开始了，最近忙吗？

　　时间过得真快，转眼间我都毕业一年了。这一年，我交了很多朋友，学到很多知识，也学了一些新技能，比如吹笛子。而且，我在学习上也有不小进步。这与您一直以来对我的教导和鼓励是分不开的。我一直记着您的话："不断给自己设定目标，然后朝着目标努力。"

　　现在新学期来临，我又要面对新的挑战。李老师，您知道吗？每当我遇到困难，想要逃避时，耳边就会响起您的话："逃避困难，困难还在那里，早晚还会碰上，不如勇敢地面对它，想办法解决它。"您不仅传授给我知识，还常常在生活中帮我答疑解惑。真的非常感谢您！

　　记得在毕业时您对我们说，可以随时跟您分享我们今后的学习生活情况。我随信附上几张我去厦门游玩时买的明信片，希望您喜欢。

　　马上就是教师节了，祝您教师节快乐！新学期工作顺利！

您的学生：小伟
2020年9月8日

知识库

佳句集锦

问候语：　您好！　你好！

　　　　　新年好！　新学期好！

　　　　　近来可好？　近来身体好吗？

　　　　　最近工作忙吗？　最近学习紧张吗？

　　　　　好久没联系了，很是想念。　好久没联系了，不知你最近怎么样？

正文开头： 今天给您写信，是想请教您一个问题。

我写这封信，是想向您汇报一下我的学习情况。

时间过得真快，转眼间我们已经分别半年了。

好久没跟你联系了，想问问你的情况。

很高兴收到你的来信。

来信和照片已收到。

你的信收到了，我激动极了，见信如见面。

你在来信中提到……

正文结尾： 我们多联系。

今天先写到这里。

请代我向……问好。

欢迎您有机会来我这儿做客。

请您放心，我一定会……

祝福语： 祝您身体健康！

祝您工作顺利！

祝你学业有成/学习进步！

祝你一切顺利！

春/夏/秋/冬安！

祝好！

正文：

*打开信就如同见到你一样。看到你参加各种学生社团的消息，发现你还是一如既往地活跃，真令人佩服。

*看到你在学习上取得这么大的成绩，我真是打心眼儿里为你高兴。希望你在今后的学习道路上更加顺利，收获更多！

*爸妈，你们知道吗？我这个学期过得很充实，还代表我们班参加了一个知识竞赛，获得了第一名的好成绩。通过这次比赛，我不仅增长了见识，还结识了几个志同道合的新朋友。

*我们班的同学都很友爱，班里学习气氛很浓。我们组成了很多学习小组，大家取长补短，互相学习，共同进步。

*你问我有什么提高写作能力的好方法，我就谈一谈我的经验吧。我觉得课外阅读对我的帮助很大。这学期，我读了几本文学名著，而且经常翻阅一些文学杂志，从中学到了很多知识，也摘录了不少好词好句。我专门整理了一个本子，写作时会去查阅。

*这学期我接触到了很多新东西。有课堂上学习的,也有课下自学的。除了学习之外,我还参加了很多课外活动,比如青春歌会、羽毛球大赛等,觉得生活充实极了。

*目前我存在的问题是口头表达能力有所欠缺。我总是不敢开口,想说得很流利,可是又怕说错。我不知道这种情况该怎么克服,您有什么好建议吗?

*您对我的教诲我一直谨记在心。请您放心,在今后的日子里,我一定会加倍努力,争取取得更好的成绩!

*再过几天就是春节了,我向您送上我最诚挚的祝福。祝您身体安康!全家幸福!

专项训练

1. 新年临近,你负责准备你们班的新年文艺汇演,正在想班里表演什么节目。你的好友娜娜很有文艺天赋,而且有丰富的表演经验。请你给娜娜写一封信,问问她有什么好建议。

(1) 请画出思维导图。

（2）请根据思维导图的内容完成写作。

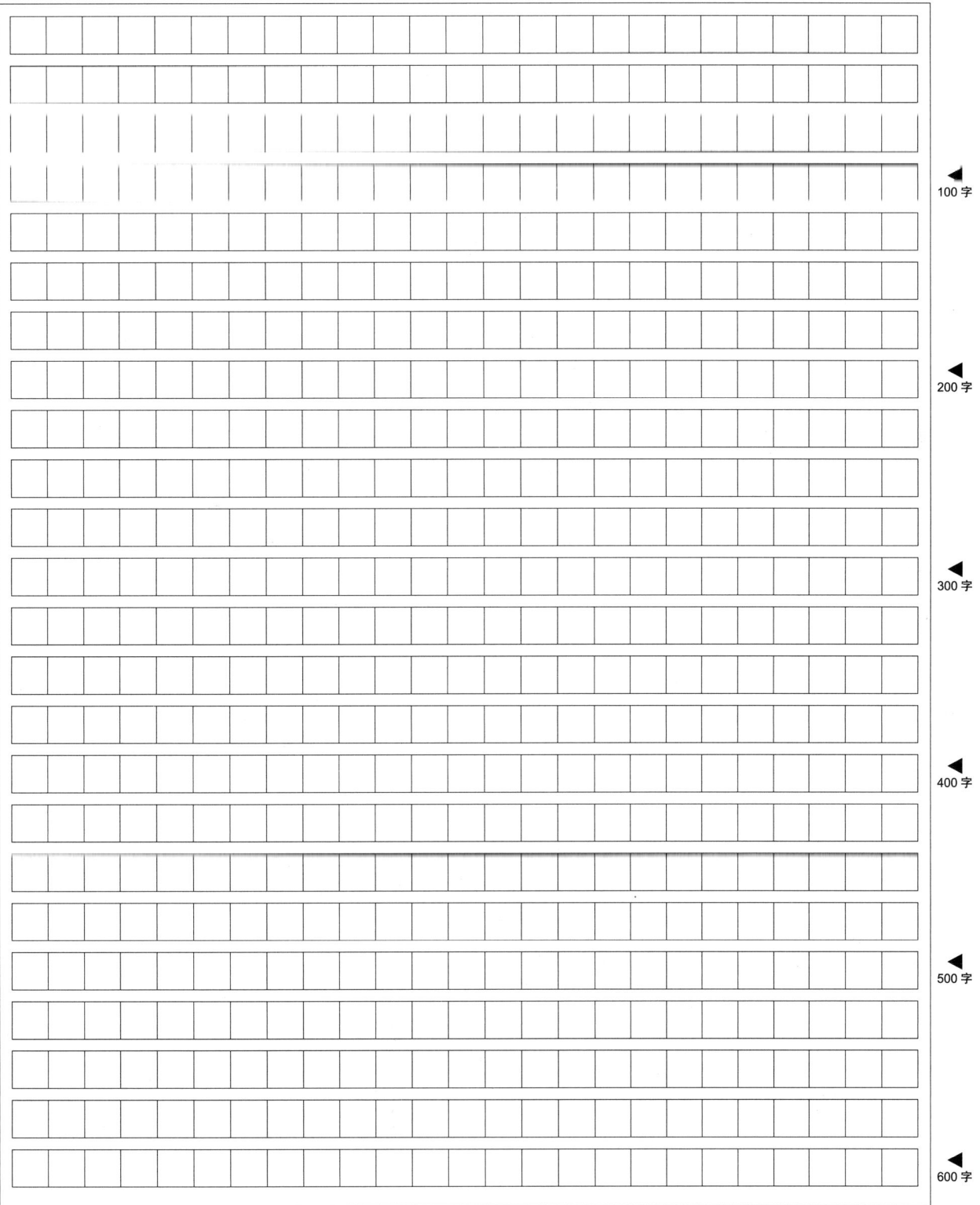

2. 现在的你对自己的未来有什么期许呢？你想实现什么目标呢？假如现在你有机会跟十年后的自己对话，你会说什么呢？请给未来的自己写一封信，字数不少于300字。

（1）请画出思维导图。

（2）请根据思维导图的内容完成写作。

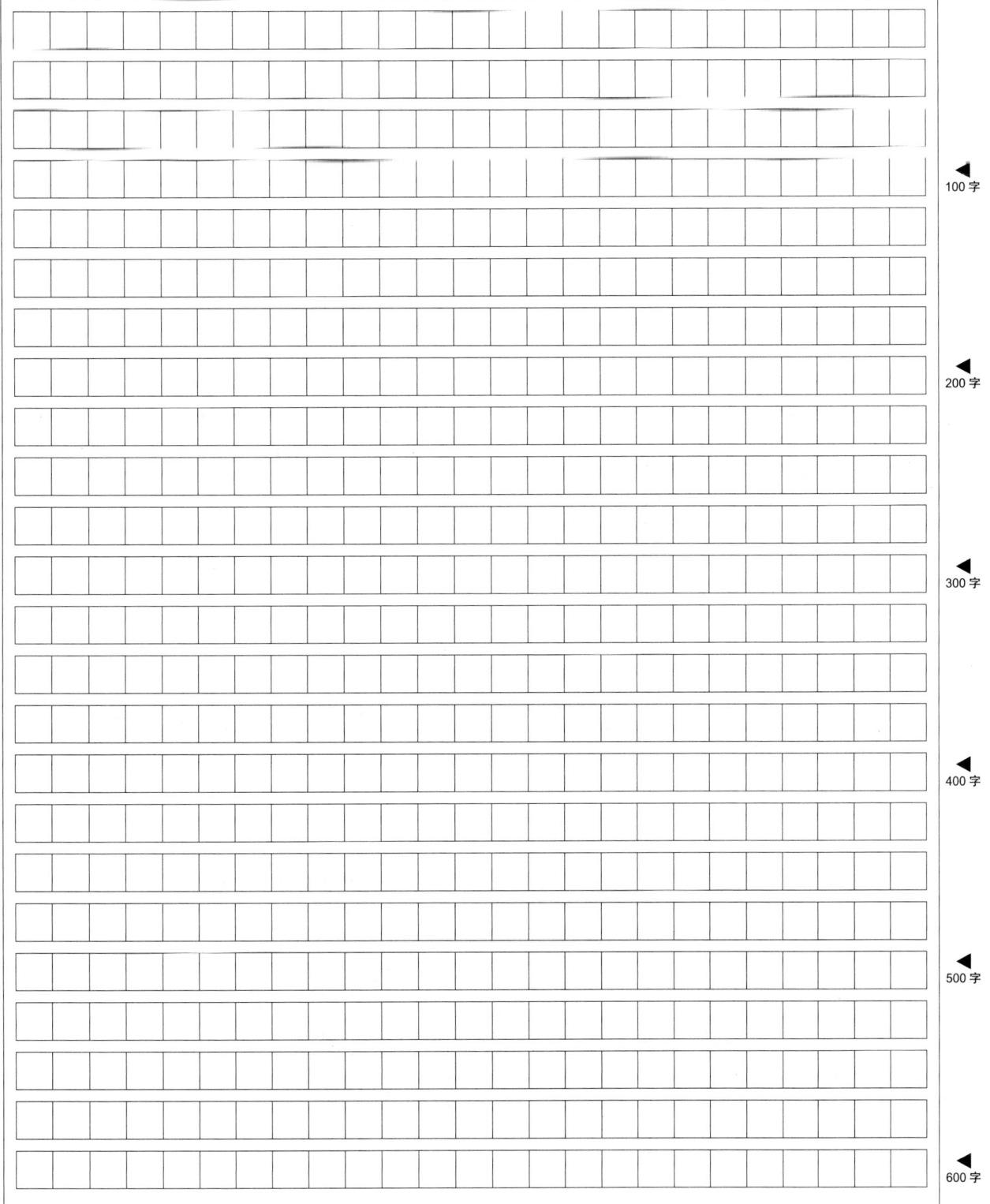

第二讲　感谢信、表扬信、申请书和倡议书

● 方法与策略

感谢信、表扬信、申请书和倡议书都属于专用书信，在写作时要注意各自的用途和格式特点。

感谢信

感谢信写给帮助过自己的集体或个人。信中要写清楚对方对自己的帮助，时间，地点，人物，事情的起因、经过、结果六要素齐全，信中要传达表扬和感谢的双重意思。写感谢信要求感情真挚，在说明事实时突出对方的思想品质给自己带来的好影响。

感谢信的标题可以是"感谢信"，也可以是"致×××的感谢信"，放在第一行居中。感谢信的结构跟一般书信一样，包括称呼、正文、祝福语、署名和日期。

例1

你是阳光中学的一名学生，你们班的同学暑假去北京参加夏令营活动，受到了北京语言大学学生的热情接待。新年到来之前，你们收到了他们寄来的课外读物、复习资料和崭新的文具，请你代表全班给他们写一封感谢信。

参考思维导图

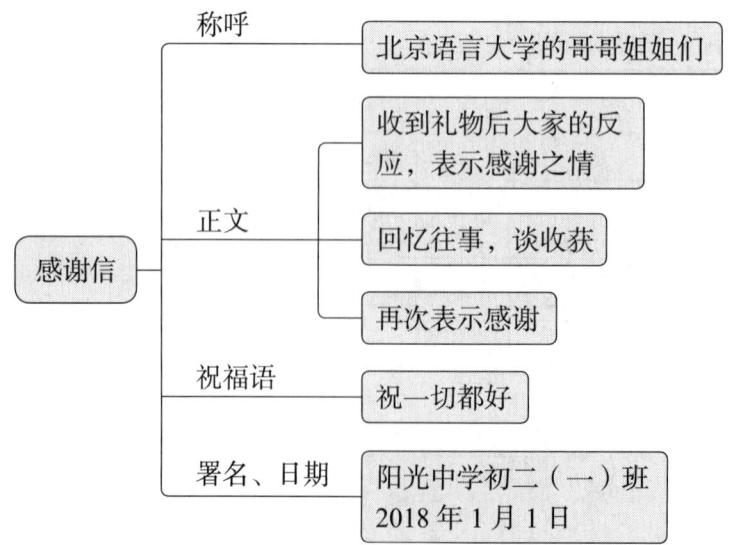

参考例文

感谢信

北京语言大学的哥哥姐姐们：

　　你们好！今天我们收到了一个来自北京的包裹，打开一看，里面有好多课外读物、复习资料和崭新的文具。同学们都兴奋极了，在拿到每人一份的新文具后，便开始挑选自己喜爱的课外读物，教室里一下子成了欢乐的海洋。甚至有的同学已经迫不及待地拆开新书看了起来。还有那些复习资料，都是我们备战中考急需的，太感谢你们了！

　　记得我们初到北京，就去参观了你们的校园，校园里有茂盛的树木、五颜六色的花朵，还有路上三三两两的说着不同语言的留学生，让我们对大学生活充满向往。接着，我们便见到了热情的你们，短短两个多小时的交流活动，让我们无论是在学习上还是在生活上都受益匪浅。

　　回来后，几位同学还暗下决心，争取考到你们所在的大学。得知老师让我代表全班给你们写这封信，同学们都来找我让我转达谢意。感谢你们在北京的热情接待，感谢你们贴心又实用的新年礼物！我们一定会加倍努力，期待未来的相遇！

　　祝哥哥姐姐们一切都好！

阳光中学初二（一）班

2018年1月1日

表扬信

由于被表扬者的帮助,写信人在工作或生活中受益,于是专门给被表扬者个人或其所在单位,或者报纸、电台、电视台等新闻媒体写信,表达颂扬之情,以使被表扬者受到表彰、奖励,使其精神发扬光大,这种信就是表扬信。

表扬信中要具体说明被表扬者的光辉事迹、高贵品行,但赞扬要适度,不要夸大。语言要热情而简朴。

例 2

阳光中学篮球队代表学校参加全区比赛,经过几轮比赛,最终捧回冠军奖杯,这是学校首次获得篮球比赛的冠军。比赛期间,发生了队员受伤、生病等意外,但大家还是团结一心,顽强拼搏,击败了一些强队。队员们在比赛结束后马上返回学校参加考试,都取得了不错的成绩。请你代表学校给校篮球队写一封表扬信。

参考思维导图

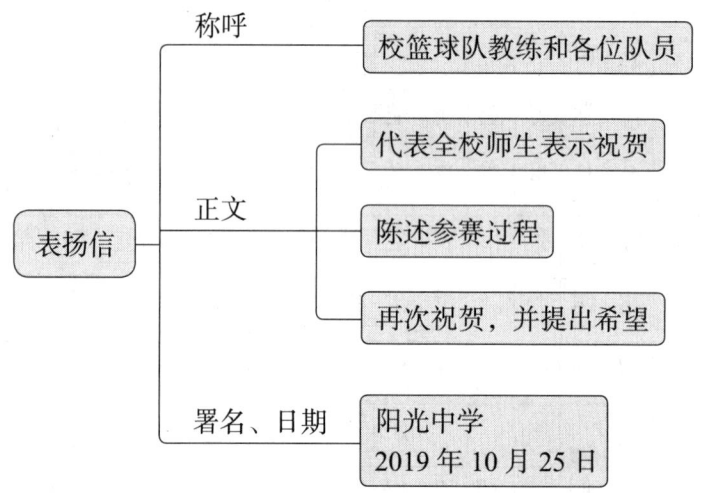

参考例文

								表	扬	信									
校	篮	球	队	教	练	和	各	位	队	员	:								
		你	们	好	!														
		今	天	传	来	了	你	们	在	全	区	篮	球	比	赛	中	夺	冠	的	消	息	,	全	校
师	生	欢	欣	鼓	舞	。	这	是	我	校	首	次	获	得	全	区	篮	球	比	赛	冠	军	。	首
先	向	你	们	表	示	热	烈	祝	贺	!	其	次	,	感	谢	你	们	一	直	以	来	为	学

篮球队的发展做出的卓越贡献。

确定参赛以来，各位队员在教练的带领下刻苦训练，团结合作，在技术上不断提高。赛场上，你们发挥出色，面对强队也毫不畏惧。比赛期间，面对队员受伤、生病等意外情况，不仅各位队员能迅速调整状态，教练也能及时制订合理的比赛计划，最终战胜对手，赢得比赛。更难能可贵的是，你们并没有因为比赛耽误学业，在比赛结束后，能够马上返校参加期末考试，并取得了良好成绩。

你们为全校师生做出了榜样，你们精诚合作、顽强拼搏的精神值得我们每一位老师和同学学习。希望你们今后再接再厉，为取得更好的成绩而努力！

阳光中学
2019年10月25日

申请书

申请书是在表述愿望、提出请求时使用的书面文章。申请书的目标单纯，一事一议。申请时要写清楚理由，态度要诚恳，语言要简洁。可以直接以"申请书"三个字作为标题，独占一行，居中，也可以在标题中写明具体申请事项，如"优秀学生奖学金申请书""志愿者服务申请书"等。申请书的称谓要顶格写，写清楚接受申请的单位、个人等。正文部分通常用"特此申请""希望领导研究批准"等结尾。

申请书一般包括标题、称呼、正文、祝/敬语、署名和日期几个部分。

例3

阳光中学要与你所在的学校开展联谊活动，届时，阳光中学的师生会到你们学校交流参观。此次联谊活动包括学习交流、参观当地特色景点、观看文艺表演等。你们学校正在招募此次活动的志愿者，你对这次活动很感兴趣，请写一封申请书给活动筹备组老师。

参考思维导图

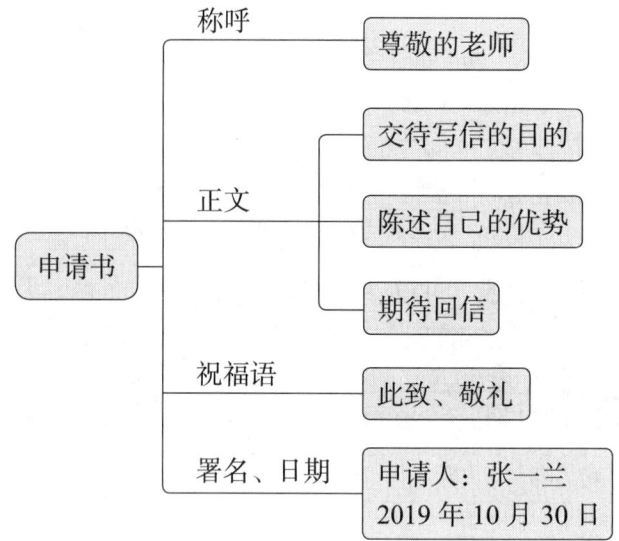

参考例文

申请书

尊敬的老师：

　　您好！我叫张一兰，是初二（三）班的一名学生。今天看到学校招募联谊活动志愿者的通知，在此向您提交申请。

　　作为一名初二的学生，我提出申请是因为自己具备以下条件：

　　首先，我性格活泼，乐于跟别人交流。我对此次活动有很大的兴趣，人们都说做一件事有热情就算是成功了一半。其次，我曾经利用假期，在附近的风景名胜区当过义务导游，熟知景点特色、典故、传说。第三，我的课余爱好是跳舞，参加过学校的舞蹈比赛并取得了很好的成绩。在交流活动中的文艺表演部分，我相信可以贡献自己的一份力量。最后，我的普通话水平还不错，能满足接待和交流工作的需要。

	因	此	，	我	觉	得	我	能	做	好	志	愿	者	的	工	作	。	期	待	能	得	到	您
的	批	准	。																				
		此	致																				
敬	礼	！																					
																	申	请	人	：	张		兰
																	20	19	年	10	月	30	日

倡议书

倡议书是公开提议发起某项活动的书面文章，一般由标题、称呼、正文、结尾、落款五部分组成。"倡议书"三个字可以作为标题独占一行，居中。倡议书要写明倡议的背景和原因、目的，让读者了解并自愿行动。倡议书还要写明具体计划，如做哪些事，有什么要求，意义是什么等。倡议书结尾一般是号召性话语。

例 4

为弘扬中华民族尊老、爱老、助老的传统美德，阳光中学关爱老年人志愿服务团将组织开展以"关爱老人，我们在行动"为主题的志愿服务活动，请你以服务团的名义写一份倡议书，号召大家用实际行动关爱老年人。

参考思维导图

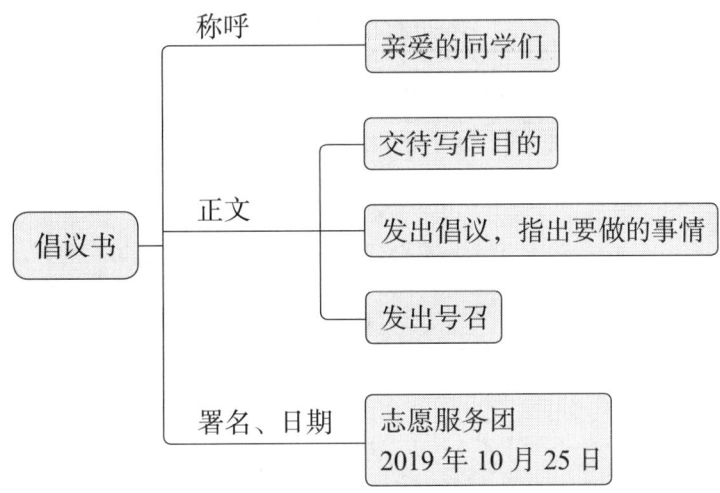

参考例文

<pre>
                    倡议书
亲爱的同学们：
    当你们在品尝满桌美食，和家人热热闹闹庆佳节的时
候，当你们在电脑或手机上随手一点，享受现代化便利的
时候，你们是否注意到，在我们身边有一群老人，无儿无
女，或子女不在身边，正承受着身体上的病痛和精神上的
寂寞？
    多少年前，是他们用汗水换来了今天的快速发展，让
我们生活在如此幸福安定的美好环境中。现在他们老了，
我们有责任有义务带他们同行。在此，我们向各位同学发
出倡议，让我们担负起年轻一代的责任，用实际行动去关
爱我们身边的老人，我们可以：
    1. 定期帮他们进行卫生大扫除；
    2. 为他们读书读报，传递最新讯息；
    3. 用文艺表演、体育运动等丰富他们的生活；
    4. 介绍微信、支付宝等支付方式，让他们了解新科技
带来的新生活。
    同学们，让我们行动起来吧！
                        阳光中学关爱老年人志愿服务团
                                    2019年10月25日
</pre>

知识库

词语积累

感谢信： 救死扶伤的精神　拾金不昧的精神　感受到了善良和热情　给了我勇气
内心充满感激　留下难忘的印象　发扬光大

表扬信： 树立了榜样　表示热烈祝贺　再接再厉

倡议书： 捐献衣物　节约用电　保护水资源　绿色出行　保护动物　志愿服务　广大的青年朋友

申请书： 难得的机会　崭新的起点　郑重提出申请　倍感光荣　自身素质　适应能力强　锻炼能力　实践所学知识　担负起职责　珍惜这次机会　贡献一份力量

佳句集锦

* 首先让我们向您致以衷心的感谢！

* 让我们再次感谢您的大力支持！

* 在此向您表示衷心的感谢！

* 这种拾金不昧的精神值得我们学习和发扬。

* 你们顽强拼搏的精神值得我们每一位同学学习。

* 请贵校对王玲同学救人的英勇事迹进行宣传，并予以表彰，为社会传播正能量。

* 您高超的医术挽救了我家人的生命，我代表我们全家向您表示最衷心的感谢！

* 为了让灾区群众度过一个温暖的冬天，我们向全校师生发出捐款、捐衣物的倡议。

* 我们有责任保护我们生活的地球，为此，我们倡议绿色出行，乘坐公共交通工具。

* 让我们行动起来，为节约能源贡献自己的一份力量。

* 保护环境，人人有责。让我们从自己做起，从身边小事做起。

* 希望您考虑我的申请，谢谢！

* 为了提高我的舞蹈水平，锻炼我的社交能力，我申请加入学校舞蹈队。

* 我相信自己能很好地完成这项工作。

专项训练

1. 中考那天，你因为粗心，出门忘了带准考证，来到考场才想起来，这时距离开考时间只有40多分钟了。交警王队长了解了你的情况后，帮你规划了一条回家取准考证的最佳路线，并且调控红绿灯，让你回家的路一路绿灯。最终，你在开考前回到考场，顺利进行了考试。中考结束后，你想给王队长写一封感谢信。

（1）请画出思维导图。

（2）请根据思维导图的内容完成写作。

2. 昨天，阳光中学初二（三）班的杨静同学在学院路捡到一个黑色皮包，并将皮包交到了附近的派出所，没有留下姓名就走了。派出所民警根据包内信息找到了失主。失主是一位外地商人，皮包内有5万元人民币现金、商业合同及个人重要证件。丢失皮包后，失主万分焦急。派出所将皮包物归原主后，失主想要当面感谢捡包的人，并给予一定的酬金。派出所民警找到了杨静同学，但她没有接受酬金。杨静拾金不昧的精神感动了派出所民警和失主，请你代表派出所给杨静的学校写一封表扬信。

（1）请画出思维导图。

（2）请根据思维导图的内容完成写作。

第五单元
计时训练

书面表达模拟试题（一）

第一部分

（5题，5分钟）

说明：76～80题，下面的 A B C D 四个句子中，只有一个是错误的，请找出这个句子，并在代表正确答案的字母上画一横道。

76. A 我们透过车窗，看到了边境上站岗的哨兵。

    B 这种落后的管理方式必定会带来一些问题。

    C 随着时代的变迁，家乡的面貌发生了巨大的变化。

    D 由于她喜欢帮助同学，得到了老师和同学们的赞扬。

77. A 对刚才讨论的那件事，王老师没有表示态度。

    B 读书时读到喜欢的词或句子，我都会做个标记。

    C 这本书反映了古代中国人民与其他国家人民交往的历史。

    D 两队队员就"自信与谦虚，哪个更重要"这一话题进行了激烈的辩论。

78. A 她走进去张老师的病房，把鲜花插在了花瓶里。

    B 冷风中他哆哆嗦嗦地打开背包，拿出一个馒头来。

    C 这部电影讲的是解放军粉碎敌人阴谋的惊险故事。

    D 他费了好大力气才搬开井盖，救出了困在下水道里的小猫。

79. A 生活越来越富裕，人们的干劲也越来越足。

    B 她不喜欢喝苹果汁，橙汁她也不见得喜欢。

    C 工地旁边有一个菜店，每天供应新鲜蔬菜。

    D 我看见明明小狗跑进了隔壁房间，却怎么也找不到。

80. A 他打算利用这个周末给菜地施些肥料。

    B 老爷爷俯下身子，拍了拍裤腿上的灰尘。

    C 凡是经济繁荣的地区，人民的文化生活很丰富。

    D 考试结束后，我们去球场打了一场篮球，真过瘾！

(5题，5分钟)

> 说明：81～85题，下面这段文字中，有五处是用拼音代替文字的，请根据上下文的意思认读拼音，然后写出正确的字。

在春风的呼唤中，在春雨的洗礼中，在春天暖阳的 fǔmō（81）中，一棵小草努力地从土中探出了头，它第一次看到生机 péngbó（82）的世界，闻到花草的 fēnfāng（83），听到鸟儿的欢唱。春天的一切都给了它力量，让它变得强壮起来。很快，yánrè（84）的夏天到了，阳光和雨水不再像春日里那样温柔，但令小草欣喜的是，自己已经能抵挡来自狂风暴雨的 xíjī（85）了。

第二部分

（作文，30分钟）

> **作 文 要 求**
> 1. 写作前认真阅读作文提示，按提示要求在规定的时间内写完。
> 2. 用简体字书写。每个空格写一个字，文字书写要清楚工整；每个标点符号占一个或两个空格，标点符号使用要规范。
> 3. 作文中不得出现跟考生有关的校名、地名和真实姓名。
> 4. 保持卷面整洁，不得涂划损坏答卷。

作文提示：

在学习和生活当中，你受到别人称赞时是什么心情？别人的称赞对你有没有影响呢？请阅读下面这个故事，写一篇不少于300字的读后感。

唐伯虎是明朝著名的画家和文学家，小时候便在画画方面显示了超人的才华。唐伯虎曾经跟随大画家沈周学画。他十分勤奋，常受到老师的称赞。但慢慢地，谦虚的唐伯虎产生了自满的心理，他觉得自己很快会超过老师。一次，师徒二人一起吃饭，沈周让唐伯虎将窗户打开，没想到的是，

唐伯虎发现自己摸到的"窗户"竟然是老师画的一幅画,这让唐伯虎感到十分惭愧。从此,唐伯虎虚心地跟老师学习画画,最终也成为一位著名画家。

书面表达模拟试题（二）

第一部分
（5题，5分钟）

说明：76～80题，下面的 **A B C D** 四个句子中，只有一个是错误的，请找出这个句子，并在代表正确答案的字母上画一横道。

76. **A** 他向来敢说真话，也因此受人崇敬。

    B 孩子们对老师讲的神话故事都很有感兴趣。

    C 他说为了实现目标，周末不休息也无所谓。

    D 与那个地区相比，这里有丰富的天然气资源。

77. **A** 他觉得父母对自己的生活干涉得太多。

    B 那家饭馆因为卫生状况不合格，关门了。

    C 据那篇文章，森林火灾会导致树木生长衰退。

    D 为了保护草原环境，我建议游客自带垃圾袋。

78. **A** 她一再叮嘱我要帮她保管这个秘密。

    B 他听到父母的脚步声，连忙起身去迎接他们。

    C 冬天来临之前，候鸟们总是成群结队地飞向南方过冬。

    D 我自愿申请加入环保社团，希望能为环境保护出一份力。

79. **A** 李强经常锻炼身体，因此他很少生病。

    B 关键问题是我不能不辜负老师对我的信任。

    C 他在溪边散步，突然听到有人大声呼喊"救命！"。

    D 他为了玩儿电脑游戏经常日夜颠倒，现在身体出现了问题。

80. **A** 当年，这本书的出版在社会上引起了极大轰动。

    B 周末，我们一家人观看了一场精彩的相声表演。

    C 同学们在教室里唱着、跳着、胡闹着，开心极了。

    D 这首歌是为了歌颂战斗在一线的白衣天使而创作的。

（5题，5分钟）

说明：81～85题，下面这段文字中，有五处是用拼音代替文字的，请根据上下文的意思认读拼音，然后写出正确的字。

站在烈士墓前，我 fǎngfú 看到昔日里一个个英勇的战士，在充满硝烟的战场上无所 wèijù、顽强
　　　　　　　　　　81　　　　　　　　　　　　　　　　　　　　　　　　　　　82

战斗的样子，我的心中满是 gǎnkǎi。如今，烈士墓周边已是高楼林立，马路上是川流不息的车辆，我
　　　　　　　　　　　　　83

不知道他们能否感受到这个时代跳动的 màibó，但我很确定的是，这些为中国人民的解放事业而
　　　　　　　　　　　　　　　　　　84

xīshēng 的先烈们，他们的精神是不朽的！
85

第二部分

（作文，30分钟）

作文要求

1. 写作前认真阅读作文提示，按提示要求在规定的时间内写完。
2. 用简体字书写。每个空格写一个字，书写要清楚工整；每个标点符号占一个或两个空格，标点符号使用要规范。
3. 作文中不得出现跟考生有关的校名、地名和真实姓名。
4. 保持卷面整洁，不得涂划损坏答卷。

作文提示：

　　来自杭州的小晴爱喝家乡用清水煮的绿茶。一次小晴去同学家做客，她惊讶地发现煮茶还可以放盐和花椒等调料，原来她在同学家喝到的是有名的青海熬茶。在你的生活中，有没有因为地域不同而让你感到新奇的事情？请根据以下提纲，写一篇不少于300字的作文。

　　提纲：

　　第一段：发现的新奇的事情（时间、地点、人物）。

第二段：这件事的不同之处。

第三段：自己的感想。

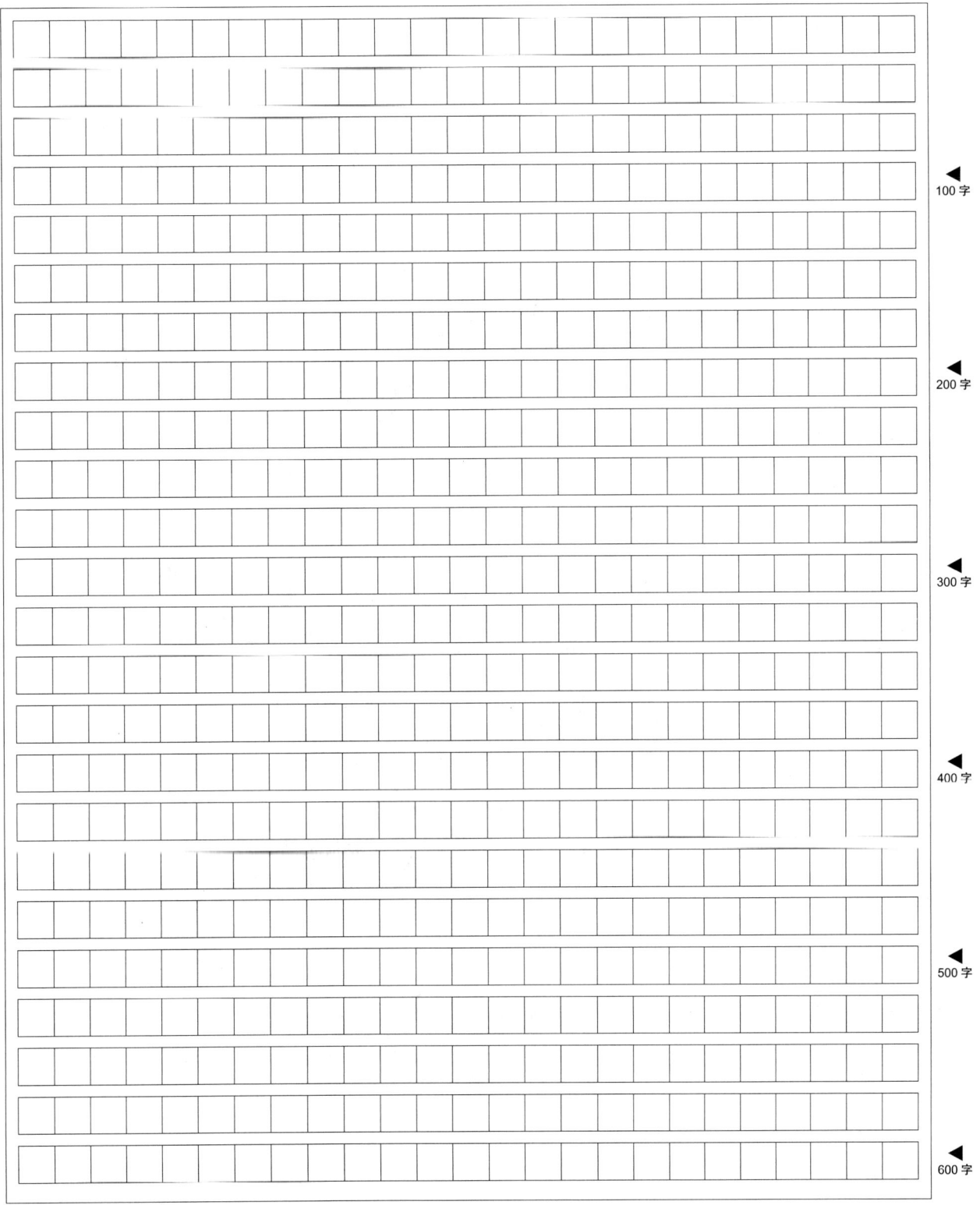

书面表达模拟试题（三）

第一部分
（5题，5分钟）

说明：76～80题，下面的 **A B C D** 四个句子中，只有一个是错误的，请找出这个句子，并在代表正确答案的字母上画一横道。

76. **A** 只是为了这个荒唐的原因，至于放弃梦想吧？
    B 只见他端起一个杯子，慢条斯理地说："什么事儿？"
    C 看完了恐怖电影，我觉得自己整个人都被恐惧笼罩着。
    D 这一刻，时间都凝固了，我只想停留在这想象的世界里。

77. **A** 妹妹连她自己都照顾不好，何况她的猫呢？
    B 一次偶然的机会，我对这位作家的作品产生了浓厚的兴趣。
    C 每个人都在忙碌着，有的在扫地，有的在擦桌子，还有的在擦窗户。
    D 为了练好口语，他反复听课文录音，模仿着录音里的发音进行练习。

78. **A** 毕业晚会临近，各班都在紧张地排练节目。
    B 我读了一遍又一遍，还是觉得这个句子逻辑不通。
    C 我打算不再下个月参加聚会了，就待在家里好好复习。
    D 看着灯光下老师不知疲倦的背影，我的内心充满了敬佩与感动。

79. **A** 茫茫沙漠，只有骆驼留下的一串脚印。
    B 参加这个论坛的专家都要凭证件进入会场。
    C 开幕式马上就要开始了，人们到会议厅就坐陆续。
    D 下个学期课程会很紧张，我们自由支配的时间真的没有多少。

80. **A** 不知道是什么事惹得那个军官大发脾气。
    B 在外面上学读书，生活能自理是最起码的要求。
    C 我正要准备明天的考试，偏偏在这个时候停电了。
    D 我以为到他那儿一定会碰钉子，结果还是被他拒绝了。

（5题，5分钟）

> 说明：81～85题，下面这段文字中，有五处是用拼音代替文字的，请根据上下文的意思认读拼音，然后写出正确的字。

老人慢慢地靠近溪边，伸出手捧了一捧水送到嘴边。夕阳的 guānghuī 照亮了天边，也照亮了
<u> </u>
81

老人的脸。老人脸上爬满的皱纹像是诉说着过去的故事，苦难、坚毅、乐观都 yǐncáng 在里边。老人
<u> </u>
82

拍了拍 jiānbǎng 上的尘土，盘腿坐下，凝视着远方。那天边的落日好像 jìtuō 着老人的思念。Huánghūn
<u> </u>　　　　　　　　　　　　　　　　　　　　<u> </u>　　　　　　　<u> </u>
83　　　　　　　　　　　　　　　　　　　　　84　　　　　　　　85

中，老人孤坐的背影，仿佛是一幅沧桑的画。

第二部分
（作文，30分钟）

> **作 文 要 求**
> 1. 写作前认真阅读作文提示，按提示要求在规定的时间内写完。
> 2. 用简体字书写。每个空格写一个字，书写要清楚工整；每个标点符号占一个或两个空格，标点符号使用要规范。
> 3. 作文中不得出现跟考生有关的校名、地名和真实姓名。
> 4. 保持卷面整洁，不得涂划损坏答卷。

作文提示：

新学期来了，学校舞蹈团发出招新通知。学校舞蹈团是为热爱舞蹈的学生成立的学生社团，经常组织演出，并有机会和外校进行交流。你爱好舞蹈，而且一直想加入这个社团。请根据以下提纲，写一份不少于300字的申请书。

提纲：

第一段：说明申请目的。

第二段：介绍自身情况，证明自己适合加入舞蹈团。

第三段：表达自己的决心。

书面表达模拟试题（四）

第一部分
（5题，5分钟）

说明：76～80题，下面的 **A B C D** 四个句子中，只有一个是错误的，请找出这个句子，并在代表正确答案的字母上画一横道。

76. A 妈妈常常带小美去看舞蹈表演和音乐会。
    B 既然你不愿意跟我们同甘共苦，就请离开吧。
    C 万一外婆不在家，你又没有钥匙，你该怎么办呢？
    D 我把一只受伤的小麻雀带回家照顾了一个月，它也算是我的朋友了。

77. A 从目前来看，利用网络学习课程是一种发展趋势。
    B 他在巷口不停张望，怪不得是在等父亲下班回来。
    C 他不会轻易下饭馆，看来那家饭店的菜做得不错。
    D 倘若你对探索宇宙感兴趣，可以多多关注我们的杂志。

78. A 张强说他无论如何都要参加今年的作文竞赛。
    B 我生日那天，外祖母亲自下厨为我做了茄子面。
    C 如果老师不在教室，同学们也能保持安静，自觉学习。
    D 过年别总是在家里待着，多出去走走，起码感受一下节日气氛。

79. A 你去劝劝他，让他别再为这事伤脑筋了。
    B 生物课和物理课相比，他显然更喜欢生物课。
    C 他背着摄像机走了两个小时，就为了拍沙漠里的骆驼。
    D 你一直沿着这个方向，很快就可以在右手边看到展览馆了。

80. A 作为新时代的主人翁，我们有什么理由不努力呢？
    B 王阿姨一连跑了五家乐器商店，都没买到想要的琴。
    C 她认为提高生产效率的方法就在于学习先进的生产技术。
    D 校运会男子1000米长跑赛中，李强是首先第一个到达终点的人。

（5题，5分钟）

> 说明：81～85题，下面这段文字中，有五处是用拼音代替文字的，请根据上下文的意思认读拼音，然后写出正确的字。

这个元旦，朋友 yāoqǐng 我去听了一场新年音乐会。那真是一个愉快的夜晚！跟随着音乐的节
　　　　　　　　81

拍，我的想象徐徐展开。最难忘的是笛子演奏。笛声轻柔时，好像将我带到了小桥下清澈的溪流边；

吹到 xiǎngliàng 处，我好像又置身悬崖边。当听到一首电影主题曲时，我脑海中浮现出 yínmù 上
　　　82　　　　　　　　　　　　　　　　　　　　　　　　　　　　　　　　　　　　　83

主人公的形象。曲声抵达我内心最柔软的地方，让我不禁湿润了 yǎnkuàng。小提琴演奏 xiānqǐ 了音
　　　　　　　　　　　　　　　　　　　　　　　　　　　　　　84　　　　　　　　85

乐会的高潮，人们随着欢快的乐曲不停地鼓掌，一同庆祝新年的到来。

第二部分

（作文，30分钟）

> **作 文 要 求**
>
> 1. 写作前认真阅读作文提示，按提示要求在规定的时间内写完。
> 2. 用简体字书写。每个空格写一个字，书写要清楚工整；每个标点符号占一个或两个空格，标点符号使用要规范。
> 3. 作文中不得出现跟考生有关的校名、地名和真实姓名。
> 4. 保持卷面整洁，不得涂划损坏答卷。

作文提示：

你外婆因为生病住院，需要进行手术治疗。住院费和手术费对你的家庭来说是一个很重的负担。你的家人根据好心人的建议，使用网上求助的方式进行筹款。没想到，求助帖一发，就收到了各方捐款……现在你外婆身体逐渐康复，请你给帮助你们的好心人写一封感谢信。感谢信不少于300字。

提纲：

第一段：说明感谢的原因。

第二段：简单介绍事情的经过。

第三段：表达感谢。

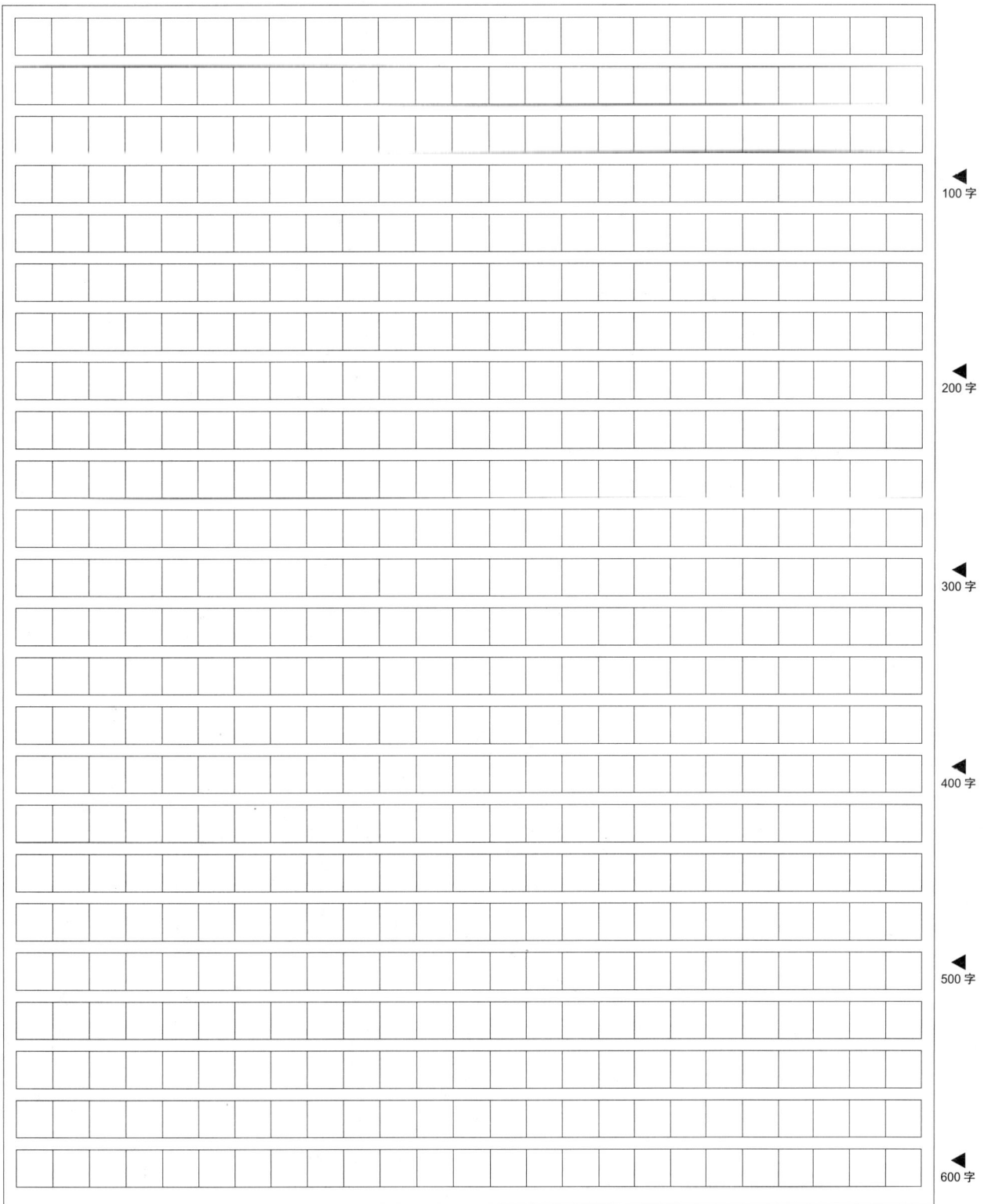

答案与解析

第一单元　认识新MHK（二级）书面表达

第二节　摸底检测

76. C　　77. C　　78. B　　79. A　　80. D
81. 广阔　　82. 湖泊　　83. 类型　　84. 牧区　　85. 漫长

【参考例文】

小江：

　　最近还好吧？

　　时间过得真快，距离我们上次一起打篮球已经过去一个月了。你现在应该进入了紧张的复习阶段，怎么样？准备好了吗？

　　作为你的哥哥和亲密朋友，我给你写这封信是想分享一下我对初中生活的感受。学习方面，我想提醒你，除了课上要认真听讲外，课下一定要广泛地阅读。阅读不仅能巩固你所学的知识与方法，还会带给你新的知识，能让你思路更清晰。爱好方面，我认为即使学习再忙，也要坚持每周打一次篮球。体育运动不仅能让你放松，还能让你有一个好身体。有了好身体，学习效率才会更高，不是吗？

　　最近，我越来越喜欢跟家人待在一起。可能是上了高中以后经常住校，与家人相处的时间变少的缘故吧。以后读大学，也许会离家更远。所以，珍惜家人陪伴你的时间。

　　说了很多，有一些是我的经验，有一些是教训。和你说这些，希望对你未来的初中生活有一定参考价值。不多说了，加油复习！

　　祝你考一个好成绩！

　　　　　　　　　　　　　　　　　　　哥哥

　　　　　　　　　　　　　　　　2019年3月16日

第二单元　考点介绍

第一节　常见的病句类型

第一讲　词语误用和搭配不当

1. B　2. A　3. D　4. D　5. A　6. D　7. C　8. D　9. C　10. D

第二讲　语序不当和指代不明

1. A　2. B　3. B　4. A　5. D　6. A　7. C　8. A　9. A　10. C

第三讲　成分残缺和成分冗余

1. D　2. C　3. A　4. D　5. A　6. A　7. C　8. D　9. D　10. C

第四讲　逻辑不通和句式杂糅

1. A　2. C　3. A　4. D　5. D　6. A　7. D　8. A　9. A　10. D

第二节　拼音词语的辨识及书写

1. 沼泽　2. 感激　3. 记载　4. 灌溉　5. 奉献　6. 放映　7. 陪伴
8. 向往　9. 摧毁　10. 计划　11. 起源　12. 起点　13. 连接　14. 运输
15. 地理　16. 辩论　17. 资料　18. 增加　19. 消极　20. 旷课

第三节　提示性写作

一、

1. "转眼间我们一起度过了六年的时间就要结束了"一句句式杂糅，改为"转眼间我们一起度过了六年的时光"。

2. "我要感谢您对我的养育"中，"养育"一词使用不当，应改为"培育"或"培养"。

3. "您虽然教我读书，还教导我……"中，关联词搭配不当，应将"虽然"改为"不仅"。

4. "对此我感到很道歉"中，"道歉"一词使用不当，应改为"抱歉"。

5. 文章结构不完整，应在结尾补充署名与日期。

二、

1. "也是我最喜欢的传统节日之一"后边的逗号应改为句号。

2. "屈原"后面的句号格式错误，应改为空心圆圈。

3. "我就喜欢去凑热闹"后边应加逗号。

4. 逗号不能出现在行首。

5. "也只有第一个粽子包得像模像样"后边的感叹号应改为句号。

第三单元　客观选择题与文字书写题

第一节　会其意、析事理

1. D　2. D　3. B　4. B　5. D　6. C　7. D　8. D　9. C　10. D

第二节　提结构、看语序

1. B　2. C　3. B　4. D　5. A　6. D　7. B　8. A　9. B　10. B

第三节　品词语、看搭配

1. B　2. B　3. B　4. A　5. C　6. A　7. D　8. A　9. C　10. D

第四节　掌握文字的音、形、义

1. 气愤　2. 保障　3. 报酬　4. 权利　5. 承担　6. 印象　7. 慈祥
8. 鼓励　9. 温暖　10. 锻炼　11. 眯起　12. 飘扬　13. 干劲　14. 指引
15. 激励　16. 博物馆　17. 深刻　18. 呈现　19. 拼搏　20. 奋斗　21. 汇报
22. 沸腾　23. 羡慕　24. 涌起　25. 度过

第四单元　主观写作题

第二节　记叙文写作

第一讲　写人类记叙文

1.【参考例文】

				我	身	边	的	明	星										
		我	总	能	在	身	边	发	现	一	些	有	过	人	之	处	的	朋	友。前不久，
我	又	发	现	了	一	个	特	别	的	"	明	星	"	。	他	是	邻	居	家的孩子，虽然
我	们	俩	平	时	并	没	有	过	多	的	交	流	，	但	是	他	时	尚	的穿着总是能
引	起	我	的	注	意	。	有	一	次	放	学	，	我	走	在	他	身	后	，注意到他的
裤	子	特	别	酷	，	小	腿	部	分	是	不	同	于	整	条	裤	子	的	另外一种颜色，

那是我第一次看到这样的裤子。后来我才知道,他那些看起来酷酷的衣服,都是他自己用旧衣服裁剪拼接成的。我暗自钦佩他的创造力,同时也很羡慕他超强的动手能力。和他熟悉了之后,我也常常去找他帮我改衣服。

他就是我身边的明星,勇于创新,有自己的爱好和想法。即使遇到困难,他也会自己想办法动手解决。

2.【参考例文】

我的父亲

当有人问我遇到困难首先会想到的人是谁时,我脑海中浮现的一定是我的父亲。如果要问我父亲对我的教导是什么,我很难想到具体的话,也许是所谓的"言传身教"的力量吧。父亲最让我敬佩的有两点:有勇气去尝试,以及有毅力去坚持。

父亲总是对这个世界充满好奇,喜欢尝试新事物。他从南方来到北方,滑冰对他来说充满挑战,我从母亲口中听说,父亲用了三个晚上,自己在冰场练习,经过无数次摔倒爬起,终于学会了滑冰。

父亲认定了一件事就会坚持到底。父亲喜欢读书,也常常写一些东西。记忆中,父亲总是在伏案看书、写作,逢年过节也不例外。他的书桌也因为常年不停地"工作"而被压得有些变形。记得有一次家里又收到了来自报社的稿费,父亲对母亲感叹:"不怕忙,有时越忙越出成果。"

父亲无形中为我树立了很好的榜样,教会我勇敢地面对困难,用坚持去克服困难。

第二讲　记事类记叙文

1.【参考例文】

　　　　　　　　难忘的一件事
　　初中生活里最令我难忘的是一次冬天的环城赛。我们要以学校为起点，绕城市跑一圈再回到学校。这是每年冬天学校的大型活动，各个年级的同学都参加。
　　为了能取得不错的成绩，我和我体育队的朋友小江商量好他带着我一起跑。比赛那天，口令声一响，我就冲到了小江身边。刚开始还算顺利，可途中我一个重心不稳，摔倒在地，我想我的计划泡汤了。"还能跑吗？坚持一下？"我耳边突然传来小江轻声的问话。"能跑！"我也不知哪儿来的勇气，站起来便又跟着他继续跑了。虽然我几次想要放弃，但看到前边始终带着我跑的小江，总觉得不好意思，结果越坚持反倒越有成就感……我竟跑到了终点！
　　我佩服我自己，但更佩服小江。他为了带我跑完全程，放弃了争夺名次的机会。通过这件事我悟出了一个道理：大成功往往是从小坚持开始的，朋友的鼓励是我们坚持下去的动力。

2.【参考例文】

　　　　　　　　　山外来客
　　我是一个不喜欢照相的人，可是去年夏天是我照相最多的一段时光。一到夏天，就会有很多外地游客来到我们的小镇旅游。我家在山里开了民宿接待游客。那天下着大雨，有一家三口来办理入住。那是一对中年夫妻，他们的

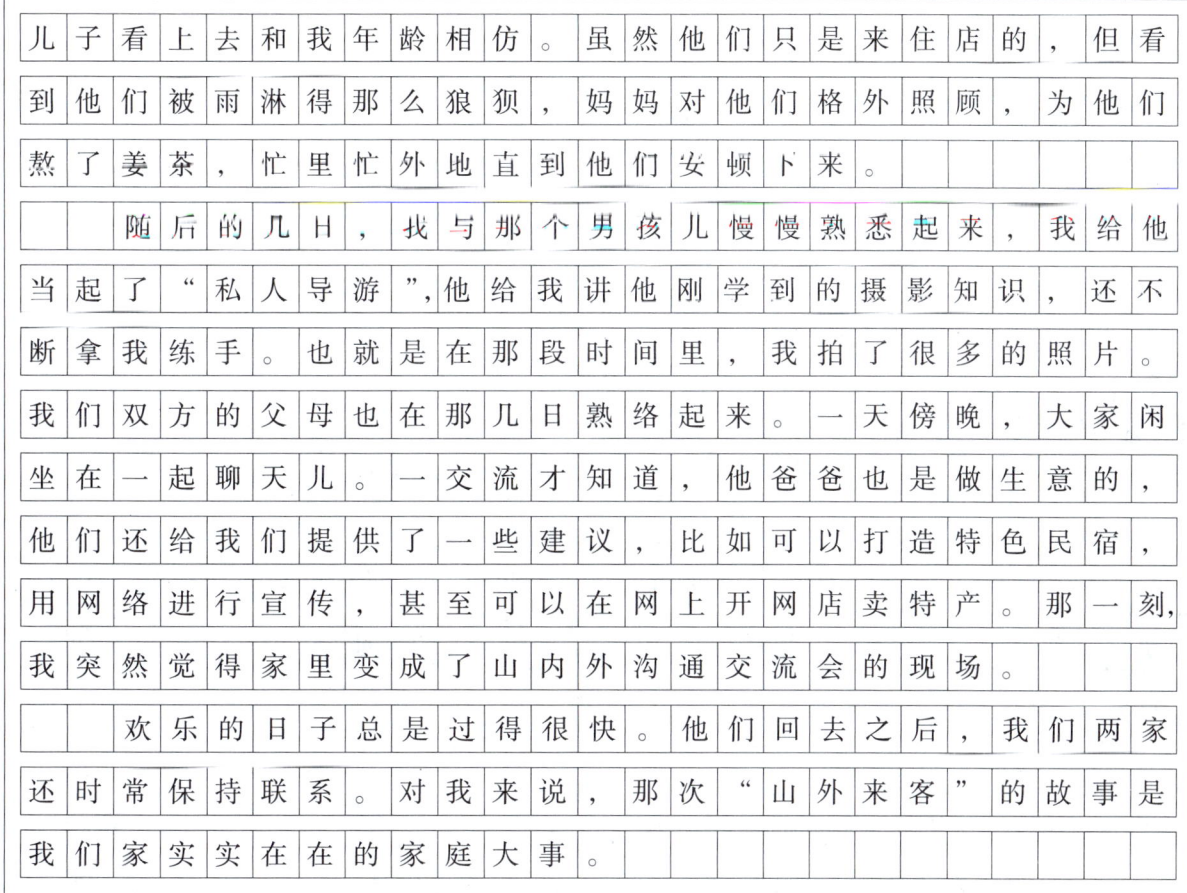

第三节 说明文和议论文写作

1.【参考例文】

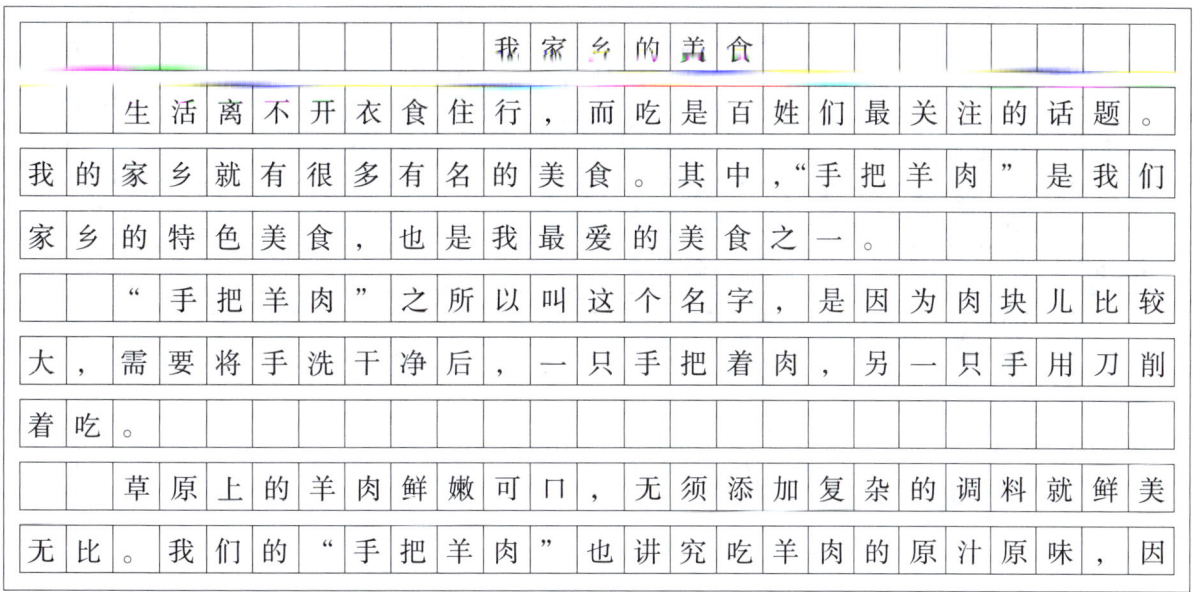

此制作过程比较简单。需要先将带骨头的羊肉冷水下锅，用旺火煮，直至羊肉熟透软嫩。最后，根据个人喜好直接食用或蘸蒜泥汁、椒盐等食用。

"手把羊肉"肉质鲜美，怎么吃都好吃。以后不论走到哪里，我都不会忘记这道家乡的特色菜。

2.【参考例文】

活到老，学到老

一听到"学习"二字，很多学生都会感觉到莫名的压力。其实，学习是伴随我们每个人一生的再平常不过的事了。

首先，人一出生就开始了学习——学习走路，学习吃饭，学习说话。其次，到了入学的年龄，虽然学校里会有特定的学习内容，但是课外我们也没有停止学习。再有，大学毕业后，找到了工作，有人会以为终于摆脱了学习，其实新的学习才刚刚开始。我们要学习如何适应新的工作环境，学习如何与同事们友好相处，学习更高更新的技术等。即使是将来退了休，学习依然还在。跳广场舞，提高下棋的技术，读书看报了解外界的新事物……学习一天也没停止过。

如此说来，学习是伴随我们一生的朋友，怕它、躲它，不如愉快地接受它，热爱它。

第四节 读书笔记和读（观）后感

1.【参考例文】

读后感

　　这段文字虽然很短，但讲述了一位平凡老人不平凡的人生。第一句"30名学生推着一辆三轮车走上舞台"就引起了我的好奇：为什么要将三轮车推上颁奖台？三轮车的主人是谁？这辆车有什么故事？直到我读完全文，知道它的主人竟然是一位高龄老人后，我百感交集，心情久久不能平静。

　　我深深记住了几个数字：蹬三轮十几年，捐资35万元，资助300多名儿童，捐出的最后一笔钱是500元……这些数字让我感到惊叹。我仿佛看到白方礼老人做出这个决定时脸上坚定的神情，那年，他已经74岁了。74岁，对很多人来说本应该是安享晚年的年纪，人们想的多是养生保健，有多少人还肯出劳力去担负起帮助失学儿童重返校园的社会责任？可是，白方礼老人做到了，而且一做就是近20年，直到生命停止。

　　看看老人，70多岁还在给自己的人生树立目标，再想想我自己，真是惭愧。现在的我虽然不能像白方礼老人一样为社会做些什么，但至少我可以不断提升自己，为今后积蓄力量。

2.【参考例文】

一句承诺　八年坚持

　　你背起过你的朋友吗？背着他走，你能坚持几分钟？我想很多人的答案会是"当然背过，等游戏结束，就不会背了"。的确，即使我们在做一个几分钟的游戏，背一个人走路也会累得大喘气。可今天我想说的，是一个瘦弱的小女孩儿，她背起她的同伴，一背就是八年。

　　这个小女孩儿名叫雒梦妍，她背起的女孩儿叫赵南茜，她们从幼儿园起就是好朋友。赵南茜因为患有肌无力症，从幼儿园起，走路就很吃力，雒梦妍就每天扶她去幼儿园。后来到了小学，南茜几乎不能行走，雒梦妍就干脆背着她上学。难能可贵的是，她们没有迟到过一次，没有耽误过一节课。

　　"我是她的腿，她是我的姐妹。""绝不让她耽误一节课！"这是雒梦妍对南茜的承诺。这句承诺，给柔弱的雒梦妍带来了力量，也带给南茜一片晴空。

　　其实承诺说出来简单，行动起来难。雒梦妍的故事，让我看到了平凡中的不平凡，我要向她学习，重承诺，能坚持，敢承担！

第五节　书信类写作

第一讲　一般书信

1.【参考例文】

亲爱的娜娜：

　　距离上次见面已有一个多月的时间了，你最近还好吗？上次你提到的在网上学习在线课程的事情，你与父母商量得怎么样了？希望一切如你所愿。

　　最近我们学校开始准备新年文艺汇演了，我接到了老师给我的任务，要我负责我们班的节目。我正在想我们要表演什么。语言类小品、乐器才艺展示、朗诵、合唱，还

2. 【参考例文】

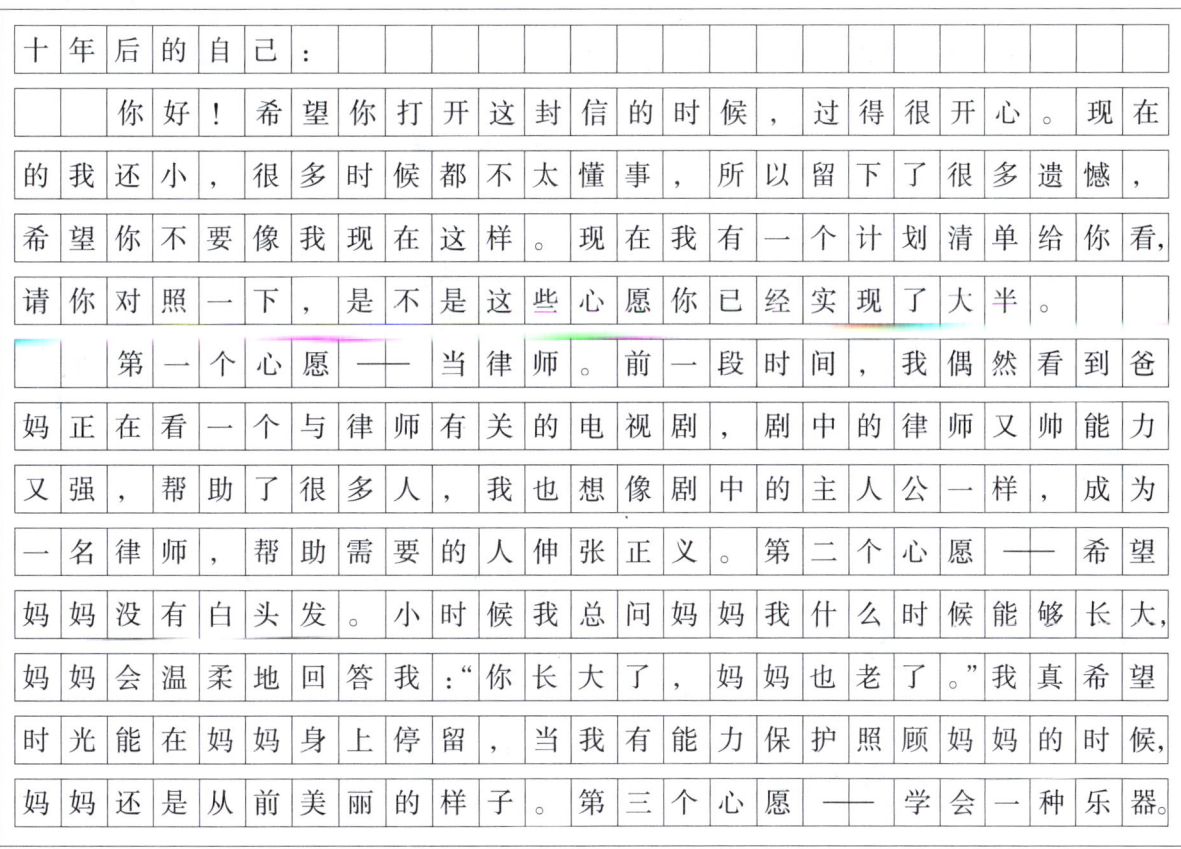

每到一年一度的文艺汇演，我总羡慕那些会乐器的同学。他们不仅能带给别人欢乐，也能自娱自乐，乐器对他们来说，就像一个一辈子的好朋友一样。

　　最后，我希望十年后的你还是那么开心快乐，拥有健康的身体！

十年前的自己
2020年11月6日

第二讲　感谢信、表扬信、申请书和倡议书

1.【参考例文】

感谢信

尊敬的交警队王队长：

　　您好！

　　我是阳光中学的李小亮，就是中考那天您帮忙取准考证的那个男生。您还记得我吗？感谢您对我的帮助，让我能够顺利参加考试。

　　中考那天，因为紧张又粗心，我到了考场才发现没带准考证。不管是让家人送来，还是我回家取，时间可能都不够，我当时真是焦急万分。幸运的是，当您知道了我的情况后，迅速帮我规划了回家的路线，并且还专门为我申请调控了红绿灯，让我回家的路一路绿灯。现在想想，当时真有一种在拍电影的感觉。最终我在开考前回到了考场，顺利参加了考试。而且，那种失而复得的心情让我更加集中精神地去答题。

　　通过这次经历，我也看到了自己的不足，我今后一定要避免再犯粗心大意的毛病，提前做好准备工作。再次感

谢您无私、及时的帮助，让我顺利参加了人生中第一场重要的考试。

  此致

敬礼！

阳光中学：李小亮
2019年6月25日

2.【参考例文】

表扬信

尊敬的阳光中学校领导：

  您好！首先我们为贵校能培养出品德优秀的学生而致敬！

  事情是这样的：贵校初二（三）班的杨静同学于昨天下午在学院路捡到一个黑色皮包，并原封不动地将其交到我派出所，而且坚持不肯留下姓名。后来，派出所民警根据皮包内的信息找到了失主。失主是一位外地商人，皮包丢失后十分焦急，因包内装有大量现金和一些重要的个人证件、商业合同。在所有物品都失而复得后，失主想要当面感谢捡包的人，并给予一定的酬金。

  我派出所民警多方打听，找到了杨静同学。杨静同学婉拒了重金酬谢，并表示这是她应该做的。杨静同学拾金不昧的精神让我们和失主深受感动。这与贵校平时的教育是分不开的，希望贵校能够宣传杨静同学的事迹，并把拾金不昧的精神发扬光大。

再	次	向	贵	校	致	敬	！												
		此	致																
敬	礼	！																	
												学	院	路	派	出	所		
										20	19	年	10	月	19	日			

第五单元　计时训练

书面表达模拟试题（一）

答案

76. D　77. A　78. A　79. D　80. C　81. 抚摸　82. 蓬勃　83. 芬芳　84. 炎热　85. 袭击

【参考例文】

							读	后	感										
		今	天	，	我	读	了	唐	伯	虎	拜	沈	周	为	师	学	画	画	的	故	事	。	读	完
以	后	，	我	不	禁	想	到	人	们	常	说	的	一	句	话	："	虚	心	使	人	进	步	，	骄
傲	使	人	落	后	。"																		
		称	赞	的	确	能	够	激	励	人	不	断	前	行	，	但	如	果	被	称	赞	的	人	不
能	理	性	对	待	别	人	的	夸	奖	，	就	会	像	唐	伯	虎	一	样	变	得	骄	傲	，	迷
失	自	我	。	幸	运	的	是	，	唐	伯	虎	在	老	师	的	提	醒	下	发	现	了	自	己	的
问	题	，	于	是	又	虚	心	地	跟	老	师	学	画	，	最	终	成	了	明	朝	著	名	的	画
家	。																							
		我	也	曾	因	为	别	人	的	夸	奖	而	得	意	过	，	觉	得	自	己	比	别	人	聪
明	，	于	是	便	不	再	勤	奋	学	习	。	直	到	经	历	了	一	些	小	挫	折	后	，	我
才	发	现	自	己	还	有	很	多	不	足	之	处	。	失	败	的	经	历	让	我	深	刻	地	体
会	到	"	骄	傲	使	人	落	后	"	这	句	话	的	含	义	。	除	了	自	己	时	常	提	醒
自	己	以	外	，	我	也	希	望	能	有	沈	周	那	样	的	好	老	师	、	好	朋	友	来	鞭

| 策 | 自 | 己 | ， | 从 | 而 | 使 | 自 | 己 | 保 | 持 | 着 | 虚 | 心 | 、 | 好 | 学 | 的 | 态 | 度 | ， | 这 | 样 | 才 | 会 |
| 不 | 断 | 进 | 步 | 。 | | | | | | | | | | | | | | | | | | | | |

详细解析

76. 正确答案是 D。本题主要考查的是考生对国家通用语语法规则的掌握情况。选项 D 属于成分残缺类病句，后半句话缺少主语。此句的正确表达应该是"由于她喜欢帮助同学，她得到了老师和同学们的赞扬"。

77. 正确答案是 A。本题主要考查的是考生对国家通用语语法规则的掌握情况。选项 A 属于搭配不当类病句。"表示"后一般是"支持""反对""不满"等具体的态度。而根据句义，与"态度"搭配的应该为"表明"。因此，此句的正确表达应该是"对刚才讨论的那件事，王老师没有表明态度"。

78. 正确答案是 A。本题主要考查的是考生对国家通用语语法规则的掌握情况。选项 A 属于成分冗余类病句。"走进去"后边如果有表示地点的宾语，应把宾语放在"进去"之间，或者不用"去"。此句的正确表达应该是"她走进张老师的病房（去），把鲜花插在了花瓶里"。

79. 正确答案是 D。本题主要考查的是考生对国家通用语语法规则的掌握情况。选项 D 属于语序不当类病句。"明明"表示确实如此，应该放在它要修饰的动词之前。此句的正确表达应该是"我明明看见小狗跑进了隔壁房间，却怎么也找不到"。

80. 正确答案是 C。本题主要考查的是考生对国家通用语语法规则的掌握情况。选项 C 属于成分残缺类病句，后半句中缺少与"凡是"搭配的"都"。此句的正确表达应该是"凡是经济繁荣的地区，人民的文化生活都很丰富"。

81. "抚摸"，二级词。本题主要考查的是考生能否结合上下文语境，根据给出的拼音，正确书写出对应的文字，既考查考生的文字书写能力，又在一定程度上考查考生的阅读理解能力。本题难点是正确书写"抚"字，考生容易写成其他同音或近音字。

82. "蓬勃"，二级词。本题主要考查的是考生能否结合上下文语境，根据给出的拼音，正确书写出对应的文字，既考查考生的文字书写能力，又在一定程度上考查考生的阅读理解能力。本题难点是正确书写"蓬"字和"勃"字左半部分。

83. "芬芳"，二级词。本题主要考查的是考生能否结合上下文语境，根据给出的拼音，正确书写出对应的文字，既考查考生的文字书写能力，又在一定程度上考查考生的阅读理解能力。本题难点是正确书写"芬芳"二字的偏旁。

84. "炎热"，二级词。本题主要考查的是考生能否结合上下文语境，根据给出的拼音，正确书写出对应的文字，既考查考生的文字书写能力，又在一定程度上考查考生的阅读理解能力。本题词语属于常用词，重点是正确书写"炎"字。

85. "袭击"，二级词。本题主要考查的是考生能否结合上下文语境，根据给出的拼音，正确书写出对应的文字，既考查考生的文字书写能力，又在一定程度上考查考生的阅读理解能力。本题难点是正确书写"袭"字，考生容易把上半部分写成"尤"。

书面表达模拟试题（二）

答案

76. B　77. C　78. A　79. B　80. C　81. 仿佛　82. 畏惧　83. 感慨　84. 脉搏　85. 牺牲

【参考例文】

							记	一	件	新	奇	的	事						
		俗	话	说	，	"	开	门	七	件	事	，	柴	米	油	盐	酱	醋	茶	。"	茶	虽	然	不	像
前	六	件	事	那	样	是	生	活	必	需	的	，	但	它	也	列	在	其	中	，	可	见	茶	的
重	要	性	。	我	生	活	在	北	方	，	对	茶	一	点	儿	也	不	陌	生	。	我	身	边	的
朋	友	喜	欢	用	砖	茶	熬	制	奶	茶	；	在	家	里	，	爸	爸	喜	欢	喝	花	茶	。	因
此	，	茶	对	我	来	说	，	是	有	浓	厚	香	气	的	。	直	到	我	来	到	杭	州	，	我
才	发	觉	茶	叶	最	原	始	的	是	那	种	淡	淡	的	香	。								
		那	天	一	到	杭	州	我	就	去	了	西	湖	，	天	气	稍	微	有	些	阴	，	西	湖
上	笼	罩	着	一	层	薄	雾	，	我	想	这	大	概	就	是	烟	雨	江	南	吧	。	那	天	我
第	一	次	品	尝	到	龙	井	茶	。	要	是	以	前	，	我	肯	定	觉	得	味	儿	太	淡	，
但	在	当	时	的	氛	围	中	，	淡	淡	的	香	气	是	最	好	不	过	的	，	它	让	人	心
平	气	和	，	让	人	回	味	无	穷	。	后	来	我	又	去	了	龙	井	村	，	看	到	了	茶
园	，	看	到	了	新	鲜	的	茶	叶	，	也	看	了	炒	茶	的	过	程	。	后	来	我	了	解
到	，	由	于	我	生	活	的	地	方	离	产	茶	区	较	远	，	为	了	便	于	运	输	和	保
存	，	便	将	茶	叶	做	成	了	砖	茶	。	这	次	杭	州	之	行	，	我	最	大	的	收	获
就	是	看	到	了	茶	叶	最	初	的	样	子	，	尝	到	了	它	最	初	的	味	道	。		

详细解析

76. 正确答案是 B。本题主要考查的是考生对国家通用语语法规则的掌握情况。选项 B 属于句式杂糅类病句，具体是"对……有兴趣"和"对……感兴趣"两个句式的杂糅。此句的正确表达应该是"孩子们对老师讲的神话故事都很有兴趣"或者"孩子们对老师讲的神话故事都很感兴趣"。

77. 正确答案是 C。本题主要考查的是考生对国家通用语语法规则的掌握情况。选项 C 属于成分残缺类病句，具体考查的是常用结构"据……说/调查/统计/分析"。此句的正确表达应该是"据那篇文章分析，森林火灾会导致树木生长衰退"。

78. 正确答案是 A。本题主要考查的是考生对国家通用语语法规则的掌握情况。选项 A 属于搭配不当类病句，具体考查"保管"的搭配，"保管"应与物品搭配。与"秘密"搭配的动词应该是"保守"。此句的正确表达应该是"她一再叮嘱我要帮她保守这个秘密"。

79. 正确答案是 B。本题主要考查的是考生对国家通用语语法规则的掌握情况。选项 B 属于词语误用类病句。"不能不"是双重否定，表达肯定的意思，句义也就成了"要辜负老师对我的信任"，这与句子原本要表达的意思矛盾。此句的正确表达应该是"关键问题是我不能辜负老师对我的信任"。

80. 正确答案是 C。本题主要考查的是考生对国家通用语语法规则的掌握情况。选项 C 属于词语误用类病句。"胡闹"一词含贬义色彩，与整个句子的感情色彩不符合。此句的正确表达应该是"同学们在教室里唱着、跳着、打闹着，开心极了"。

81. "仿佛"，二级词。本题主要考查的是考生能否结合上下文语境，根据给出的拼音，正确书写出对应的文字，既考查考生的文字书写能力，又在一定程度上考查考生的阅读理解能力。本题难点是正确书写"佛"的右半部分。

82. "畏惧"，二级词。本题主要考查的是考生能否结合上下文语境，根据给出的拼音，正确书写出对应的文字，既考查考生的文字书写能力，又在一定程度上考查考生的阅读理解能力。本题难点是正确书写"畏"字和"惧"的右半部分。

83. "感慨"，二级词。本题主要考查的是考生能否结合上下文语境，根据给出的拼音，正确书写出对应的文字，既考查考生的文字书写能力，又在一定程度上考查考生的阅读理解能力。本题难点是正确书写"慨"字。

84. "脉搏"，二级词。本题主要考查的是考生能否结合上下文语境，根据给出的拼音，正确书写出对应的文字，既考查考生的文字书写能力，又在一定程度上考查考生的阅读理解能力。本题难点是正确书写"搏"字，考生容易写成"博"。

85. "牺牲"，二级词。本题主要考查的是考生能否结合上下文语境，根据给出的拼音，正确书写出对应的文字，既考查考生的文字书写能力，又在一定程度上考查考生的阅读理解能力。本题难点是正确书写"牺牲"二字的左半部分，不要写成"牛"。同时也要注意"牺"的右半部分是"西"，而不是"酉"。

书面表达模拟试题（三）

答案

76. A 77. A 78. C 79. C 80. D 81. 光辉 82. 隐藏 83. 肩膀 84. 寄托 85. 黄昏

【参考例文】

							申	请	书										
尊	敬	的	学	校	舞	蹈	团	负	责	人	：								
		您	好	！															
		我	是	初	一	（	四	）	班	的	学	生	李	娜	。	我	看	到	了	学	校	舞	蹈	团

招	纳	新	成	员	的	通	知	,	想	申	请	加	入	。					
		学	校	舞	蹈	团	是	为	热	爱	舞	蹈	的	学	生	成	立	的	学	生	社	团	,	我
一	直	关	注	并	希	望	加	入	校	舞	蹈	团	。	我	从	小	就	喜	欢	跳	舞	,	尤	其
是	民	族	舞	。	我	曾	上	过	五	年	的	课	外	舞	蹈	班	,	系	统	学	习	了	民	族
舞	的	基	本	动	作	。	我	也	曾	参	加	过	一	些	舞	蹈	比	赛	,	获	得	了	不	错
的	名	次	。	去	年	,	我	还	参	加	了	市	里	的	庆	国	庆	文	艺	表	演	。		
		我	喜	欢	舞	蹈	,	也	喜	欢	通	过	跳	舞	交	朋	友	。	我	觉	得	加	入	学
校	舞	蹈	团	是	一	个	很	好	的	机	会	,	不	仅	可	以	跟	爱	好	跳	舞	的	同	学
们	一	起	练	习	,	还	可	以	跟	其	他	学	校	的	同	学	进	行	交	流	。	如	果	我
有	幸	成	为	校	舞	蹈	团	的	一	员	,	我	一	定	会	与	队	友	们	团	结	互	助	,
为	我	们	学	校	的	舞	蹈	队	建	设	贡	献	自	己	的	一	份	力	量	。				
		请	您	考	虑	我	的	申	请	!														
			此	致																				
敬	礼	!																						
									申	请	人	:	初	一	(	四	)	班		李	娜			
											20	19	年	10	月	15	日							

详细解析

76. 正确答案是 A。本题主要考查的是考生对国家通用语语法规则的掌握情况。选项 A 属于成分残缺类病句。此句的正确表达应该是"只是为了这个荒唐的原因,不至于放弃梦想吧?"。

77. 正确答案是 A。本题主要考查的是考生对国家通用语语法规则的掌握情况。选项 A 属于指代不明类病句,具体是后半句中"她的猫"指代不明,可能是妹妹的猫,也可能是别人家的猫。此句的正确表达应该是"妹妹连她自己都照顾不好,何况你的猫呢?"。

78. 正确答案是 C。本题主要考查的是考生对国家通用语语法规则的掌握情况。选项 C 属于语序不当类病句。此句的正确表达应该是"我打算下个月不再参加聚会了,就待在家里好好复习"。

79. 正确答案是 C。本题主要考查的是考生对国家通用语语法规则的掌握情况。选项 C 属于语序不当类病句,"陆续"应放在它所强调的动词前边。此句的正确表达应该是"开幕式马上就要开始了,人们陆续到会议厅就坐"。

80. 正确答案是 D。本题主要考查的是考生对国家通用语语法规则的掌握情况。选项 D 属于逻辑不通类病句,"碰钉子"一词有"被拒绝"的含义,放入"以为……,结果……"的结构中,前后分句的意思应该相反。此句的正确表达应该是"我以为到他那儿不一定会碰钉子,结果还是被他拒绝了"。

81. "光辉",二级词。本题主要考查的是考生能否结合上下文语境,根据给出的拼音,正确书写出对应的文字,既考查考生的文字书写能力,又在一定程度上考查考生的阅读理解能力。本题难点是正确书写"辉"字。

82. "隐藏",二级词。本题主要考查的是考生能否结合上下文语境,根据给出的拼音,正确书写出对应的文字,既考查考生的文字书写能力,又在一定程度上考查考生的阅读理解能力。本题难点是正确书写"藏"字,"藏"字下半部分容易被写错。

83. "肩膀",二级词。本题主要考查的是考生能否结合上下文语境,根据给出的拼音,正确书写出对应的文字,既考查考生的文字书写能力,又在一定程度上考查考生的阅读理解能力。本题难点是正确书写"膀"字,考生容易写成"傍""榜"等同音或近音形近字。

84. "寄托",二级词。本题主要考查的是考生能否结合上下文语境,根据给出的拼音,正确书写出对应的文字,既考查考生的文字书写能力,又在一定程度上考查考生的阅读理解能力。本题难点是正确书写"托"字,考生容易写成"拖""脱"等同音字。

85. "黄昏",二级词。本题主要考查的是考生能否结合上下文语境,根据给出的拼音,正确书写出对应的文字,既考查考生的文字书写能力,又在一定程度上考查考生的阅读理解能力。本题难点是正确书写"昏"字。

书面表达模拟试题(四)

答案

76. A 77. B 78. C 79. D 80. D 81. 邀请 82. 响亮 83. 银幕 84. 眼眶 85. 掀起

【参考例文】

<pre>
                        感谢信
各位好心人:
    你们好!
    我是一名普通的初中生。我的外婆在大家的帮助下,
已经顺利进行了手术。所以今天我怀着十分感恩的心情写
下这封信。首先,我代表我们全家向大家真诚地说一声"谢
谢",感谢你们在我们家最困难的时候伸出了援助之手。
    上个月中旬,我的外婆因患重病需要尽快手术,但昂
</pre>

贵	的	手	术	费	和	治	疗	费	等	费	用	对	我	们	家	来	说	是	一	个	很	重	的	负
担	。	幸	好	我	们	得	到	了	好	心	人	的	指	点	，	尝	试	了	网	上	筹	款	的	方
式	。	没	想	到	仅	用	了	两	天	时	间	，	好	心	的	你	们	就	帮	我	们	凑	够	了
所	需	的	钱	。	于	是	，	外	婆	顺	利	地	进	行	了	手	术	，	现	在	恢	复	得	也
很	好	。

　　再次感谢大家的爱心！是你们让我们的家庭重新有了希望。我们也会向你们学习，尽自己所能去帮助需要帮助的人。祝你们幸福安康！

　　此致
敬礼！

王丽
2020年10月7日

详细解析

76. 正确答案是 A。本题主要考查的是考生对国家通用语语法规则的掌握情况。选项 A 属于搭配不当类病句，可以说"看舞蹈表演"，但不能说"看音乐会"。此句的正确表达应该是"妈妈常常带小美去看舞蹈表演和听音乐会"。

77. 正确答案是 B。本题主要考查的是考生对国家通用语语法规则的掌握情况。选项 B 属于词语误用类病句，具体考查的是"怪不得……，原来……"的用法。"怪不得"后边是结果，"原来"后边是原因。此句的正确表达应该是"怪不得他在巷口不停张望，原来是在等父亲下班回来"。

78. 正确答案是 C。本题主要考查的是考生对国家通用语语法规则的掌握情况。选项 C 属于搭配不当类病句。此句的正确表达应该是"即使老师不在教室，同学们也能保持安静，自觉学习"。

79. 正确答案是 D。本题主要考查的是考生对国家通用语语法规则的掌握情况。选项 D 属于成分残缺类病句。此句的正确表达应该是"你一直沿着这个方向走，很快就可以在右手边看到展览馆了"。

80. 正确答案是 D。本题主要考查的是考生对国家通用语语法规则的掌握情况。选项 D 属于成分冗余类病句，"首先"和"第一个"意思重复。此句的正确表达应该是"校运会男子 1000 米长跑赛中，李强是第一个到达终点的人"。

81. "邀请"，二级词。本题主要考查的是考生能否结合上下文语境，根据给出的拼音，正确书写出对应的文字，既考查考生的文字书写能力，又在一定程度上考查考生的阅读理解能力。本题难点是正确书写"邀"字。

82. "响亮"，二级词。本题主要考查的是考生能否结合上下文语境，根据给出的拼音，正确书写出对应的文字，既考查考生的文字书写能力，又在一定程度上考查考生的阅读理解能力。本题难点是正确书写"亮"字。

83. "银幕",二级词。本题主要考查的是考生能否结合上下文语境,根据给出的拼音,正确书写出对应的文字,既考查考生的文字书写能力,又在一定程度上考查考生的阅读理解能力。本题难点是正确书写"幕"字,考生容易写成"墓""慕"等其他同音形近字。

84. "眼眶",一级词。本题主要考查的是考生能否结合上下文语境,根据给出的拼音,正确书写出对应的文字,既考查考生的文字书写能力,又在一定程度上考查考生的阅读理解能力。本题难点是正确书写"眶"字,考生容易写成其他同音字。

85. "掀起",二级词。本题主要考查的是考生能否结合上下文语境,根据给出的拼音,正确书写出对应的文字,既考查考生的文字书写能力,又在一定程度上考查考生的阅读理解能力。本题难点是正确书写"掀"字。